Ernst Rethwisch

Der Irrtum der Gravitationshypothese

Ernst Rethwisch

Der Irrtum der Gravitationshypothese

ISBN/EAN: 9783743610897

Hergestellt in Europa, USA, Kanada, Australien, Japan

Cover: Foto ©berggeist007 / pixelio.de

Manufactured and distributed by brebook publishing software (www.brebook.com)

Ernst Rethwisch

Der Irrtum der Gravitationshypothese

Der Irrthum

der

Gravitationshypothese.

Kritik und Reformthesen

von

Dr. Ernst Rethwisch.

»Omnis motus e motu.«

FREIBURG I. B.
ADOLF KIEPERT, HOFBUCHHÄNDLER.
1882.

Vorwort.

Diese Zeilen beschäftigen sich mit der Ablehnung der Gravitation und der Erklärung des Weltzusammenhangs auf andre Weise. Ich führe alle grossen Bewegungen im Weltraum und auf der Erde auf eine einzige Quelle zurück, auf die Axendrehung, also auf lebendige Bewegung, nicht auf einen starren Zustand.

Durch die Ablehnung der Gravitation verlieren jene Worte, die in Westminster am Grabe Newton's stehn, nichts von ihrem ewigen Glanz: sein Lebenlang hat der grosse Britte in der Schwerkraft etwas physikalisch Unbegreifliches gesehn.

Was hier nur in den Grundzügen geliefert wurde, erhält demnächst eine breitere Ausführung.

Heidelberg, im Januar 1882.

E. R.

Inhalt.

		Seite
I.	Die Gravitation	1
II.	Newton's Verhältniss zur Gravitation	13
III.	Die Natur der Ellipse	26
IV.	Kant's Kosmogonie	31
V.	Die Individualisirung des Urkörpers	39
VI.	Die Kepler'schen Gesetze	50
VII.	Die Planeten	57
VIII.	Die Erde	72
IX.	Reformthesen	78

I. Die Gravitationslehre.

Galilei fand, dass die Fallräume sich verhalten wie die Quadrate der Fallzeiten. Diese Entdeckung lenkte die Aufmerksamkeit von Neuem auf die Ursache der Gravitation. Denn, dass nur diese die Fallbewegung bewirken könne, war ein altes Dogma, an dem Niemand zu rütteln wagte, und dessen Anzweiflung auch Niemandem in den Sinn kam. Wie es aber käme, das die Schwere den Fall der Körper bewirkt, das war die Frage, an deren Beantwortung man jetzt wieder mit neuem Eifer ging. Auf die Lösung dieses Räthsels haben seit vielen Jahrhunderten hervorragende Forscher und Denker aller Nationen eine Fülle von Fleiss und Scharfsinn verwendet; immer neue Schriften und Werke, kaum noch zu zählen, sind bis in die jüngsten Tage erschienen, deren Autoren nun endlich das geheimnissvolle Wirken der Schwerkraft entschleiert zu haben meinten. Keine dieser Erklärungen hat einhelligen und dauernden Beifall geerntet. Hier und da ist in den letzten Jahrzehnten, besonders in England, ein schüchterner Zweifel laut geworden, ob es mit der märchenhaften Gravitation auch wirklich seine Richtigkeit habe; aber aus Mangel an Ersatz und aus Furcht, vor dem Forum der herrschenden Ansicht der Thorheit geziehen zu werden, haben die Zweifelnden ihre ketzerischen Ansichten wieder verstummen lassen oder sie auf die Papiere des Studierzimmers und den Kreis der Freunde beschränkt.

Niemals ist mit aller Offenheit und Energie der Versuch gemacht worden, die mystische Gravitationslehre in ihren Fundamenten anzugreifen, sie als eine sonderbare Verirrung zu kennzeichnen, und einen Ersatz zu bieten. Diesem Versuch gelten die folgenden Zeilen· Ihr Verfasser ist sich wohl bewusst, dass es sich um nichts geringeres handelt, als um eine totale Umgestaltung unserer physikalischen Grundvorstellungen und damit unserer Weltbetrachtung; aber diese Umgestaltung ist durch die Thatsachen geboten.

Dass irgend ein Princip vorhanden sein muss, das die Körper veranlasst, zu Boden zu kommen, und nicht vielmehr in den Weltraum hinauszufliegen, lehrt der Augenschein. Ursprünglich hat man den fallenden Körpern einen mystischen Drang zugeschrieben, kraft dessen es sie nach der Erde zurückzieht; später hat man eine Anziehung der Erde vorausgesetzt, die ihr in Folge ihrer Schwere eigenthümlich sein soll. Im Grunde war diese Voraussetzung nicht minder mystisch wie die alte: in beiden Fällen handelt es sich um eine Einwirkung einer Masse auf die andere, die ohne jede gegenseitige Berührung stattfand, also aller Anschauung und Erfahrung widersprach. Mit demselben Recht könnte der Theologe den Fall der Körper auf den Willen Gottes zurückführen. Man fühlte das wunderliche dieser Vorstellung sehr gut, und übertrug daher der Atmosphäre eine Art von Vermittlung; die Schwerkraft der Erde sollte sich durch den Stoss kleiner Aethertheilchen in die Höhe schwingen. Auf eine Analogie mit Schall und Licht konnte man sich dabei nicht berufen, denn die Fernwirkung von Schall und Licht pflanzt sich, wie nachgewiesen werden konnte, durch ·Aetherwellen fort, und ist vor Allem Gegenstand der sinnlichen Wahrnehmung. Die Gravitation ist aber nicht ein Objekt der sinnlichen Wahrnehmung, und wie eine solche sich fortpflanzen soll, hat noch Niemand zeigen können. Dass alle Körper ein gewisses Gewicht haben, merken wir; dass aber das Gewicht des einen auf den andern ohne gegenseitige Berührung irgend welchen Einfluss haben soll, ist eine willkürliche Annahme.

Man hat für die Voraussetzung einer Anziehungskraft der Erde keinen andern Grund gehabt, als dass man sich den Fall der Körper nicht anders erklären konnte. Einen direkten Beweis, wie für alle andern physikalischen Erscheinungen, hat nie jemand gegeben und nie geben können, da ein solcher nur für Thatsachen möglich ist, aber nicht für Zustände, die man den Dingen andichtet. Einen weiteren, ebenso matten Grund, hat man in dem Umstande gefunden, dass es doch nichts gäbe, was der Schwerkraft geradezu widerspräche; auf diese Weise kann man der Erde und ihren Körpern jede geheimnissvolle Kraft zuschreiben; man kann annehmen, dass sich die Bäume in einer Sprache unterhalten, die nur zu fein ist, als dass wir sie vernehmen können; man kann annehmen, dass jeder Regentropfen von einem unsichtbaren Engel zur Erde getragen wird; und andere Phantasiegebilde.

Jener Trost ist übrigens nur in beschränktem

Maasse berechtigt. Die Thatsache, dass die Körper im luftleeren Raum überhaupt fallen, spricht direkt gegen die Gravitation. Will man auch in der Luft die Vermittlung der Schwerkraft kleinen Aethertheilchen zuweisen, so fällt im luftleeren Raum diese Möglichkeit fort. Die Anhänger der Gravitation müssen ihr Wirken durch einen absolut leeren Raum annehmen, wenn sie den Fall der Körper im leeren Raum erklären wollen. Eine Ansicht aber, die eine Kraft auf eine von ihr entfernte Masse ohne jede Vermittlung wirken lässt, liegt völlig ausserhalb der Wissenschaft. Man könnte sich hier vielleicht mit der Annahme helfen, dass ein Raum niemals vollständig ausgepumpt werden kann; aber eine Thatsache der Natur charakterisirt sich nicht dadurch, dass die Dinge um sie her zur Noth zu ihr passen, sondern dadurch, dass alles um sie her einen schlagenden Beweis für ihre Nothwendigkeit liefert.

Die Schwäche der Gravitationslehre ist merkwürdiger Weise zugleich ihre Stärke. Sie lässt sich nicht experimentell beweisen, da man ihr experimentell überhaupt nicht beikommen kann; aber desshalb lässt sich auch experimentell nicht ihre Unnatur beweisen. Es ist dasselbe wie mit der menschlichen Willensfreiheit. Eine solche Annahme scheint das Thun und Lassen der Menschen ganz gut zu erklären; experimentell ist ihr nicht beizukommen; ein direkter Beweis lässt sich daher weder für noch gegen liefern. Dennoch haben grosse Philosophen und Naturforscher immer von neuem darauf hingewiesen, dass sie ein Phantasiegebilde ist, und dem Causalzusammenhang der Dinge, den die

Erfahrung überall lehrt, widerspricht. Die Wirkung in die Ferne widerspricht auch der Erfahrung; an Zweifel hat es nicht gefehlt, aber so lange kein Ersatz da ist, muss man freilich vorlieb nehmen.

Aus der Vorstellung, dass die verlängerte Richtung eines ruhenden Pendels den Mittelpunkt der Erde trifft, hat man gefolgert, dass die Anziehungskraft der Erde in ihrem Mittelpunkt vereinigt zu denken sei. Ist die im Mittelpunkt concentrirte Schwerkraft der Grund dafür, dass die Verlängerung des ruhenden Pendels den Mittelpunkt trifft, so muss diese Verlängerung den Mittelpunkt immer und überall treffen, gleichgültig wann und wo das Pendel aufgestellt wird. Diess dürfte nicht der Fall sein. Wer freilich annehmen will, dass in der Nähe der Pole, wo sich die Erde in Folge ihrer Axendrehung abgeplattet hat, die fallenden Körper in schiefer Linie zu Boden kommen und dass ein frei hängendes Pendel schief hängt, gegen den lässt sich ein direkter, an Ort und Stelle geführter Beweis nicht beibringen; aber seine Ansicht widerspricht aller Erfahrung. Will man erst zu Hypothesen greifen, die im Bereiche der Erfahrung nicht möglich sind, die hier nicht einmal eine Analogie haben, so lässt sich alles erweisen; der metaphysischen Willkür ist dann eine der wissenschaftlichen Forschung ebenbürtige Stellung eingeräumt.

Es führt also die Vorstellung, dass die Anziehungskraft der Erde in ihrem Mittelpunkt vereinigt sei, zu Folgerungen, die jenseits der Erfahrung, im Gebiet der Spekulation liegen. Diese Vorstellung ist daher sicht als eine Potenz aufzufassen, mit der sich wissenschaftlich rechnen lässt.

Was die zu erwartende Verminderung der Anfangsgeschwindigkeit auf hohen Bergen angeht, so ist eine solche trotz zahlreicher Messungen, niemals konstatirt worden. Aber hier könnten sich die Anhänger der Gravitationslehre immer noch mit der Ausflucht helfen, dass die Entfernung auch der höchsten Bergspitzen von der Erdoberfläche zu gering ist, als dass hier schon eine merkliche Abnahme der Schwerkraft eintreten könnte.

Die Schwerkraft von der Erde in den Weltraum übertragen und durch sie die dauernde Bewegung der Körper erklärt zu haben, gilt seit Kant und Voltaire für Newton's vornehmstes Verdienst. In wie weit man berechtigt ist, ihn für die eigentliche Gravitationslehre verantwortlich zu machen, ist später zu erörtern. Hier soll nur die Theorie, die man heute als Newton's Gravitationslehre zu bezeichnen gewohnt ist, besprochen werden.

Die Schwere der Erde soll im Quadrat der Entfernung abnehmen. Je weiter ein Körper vom Mittelpunkt der Erde entfernt ist, um so weniger wird er angezogen, sobald er sich nur in gewisser Höhe über der Erde befindet. Wie weit hinauf man eine Fallgeschwindigkeit von 15 Fuss in der Sekunde mit der Endgeschwindigkeit von 30 Fuss annehmen will, ist gleichgültig; irgendwo muss es immer einen Punkt geben, an dem die Schwerkraft versiegt. Dass dieser Punkt noch jenseits des Mondes liegt, weiter als 50,000 Meilen von der Erdoberfläche entfernt ist, hat wenig Wahrscheinlichkeit. Aber gesetzt auch, die Schwerkraft wirke auch dort noch, und wirke sogar derart, dass ein Körper in der ersten Sekunde 15 Fuss fällt, so hat diese Geschwindigkeit neben der unbegrenzten Schnelligkeit, mit der der Mond seine Bahn zurücklegt, gar keine Bedeutung.

Es gibt nun aber bei der bisherigen Art der Naturbetrachtung einen Faktor, zu dem man gar nicht gelangen konnte, wenn man nicht in ganz geringer Entfernung vom Mittelpunkt der Erde eine Abnahme der Schwerkraft annahm. Man schloss, gleichviel ob mit Recht oder mit Unrecht, aus der Thatsache, dass das Pendel am Nordpol mehr Schwingungen in der Sekunde mache wie am Aequator, dass die Schwerkraft an den Polen stärker wirken müsse, dass also die Pole dem Mittelpunkt näher lägen als der Aequator. Während man also einerseits die grenzenlose Geschwindigkeit der Mondbewegung mit der Schwerkraft erklärt, sieht man sich anderseits genöthigt, in ganz geringer Entfernung ihre Abnahme zu konstatiren. Auch die Sonne soll die Erde durch eine Entfernung von 20 Millionen Meilen so intensiv anziehen, dass ein Sturz in die Sonne erfolgen würde, wenn keine Gegenwirkung stattfände. Dasselbe wird auf die Planeten ausgedehnt und auf das Verhältniss der Planeten zu ihren Trabanten.

Zu der Zumuthung, trotz des behaupteten Abnehmens der Schwere im Quadrat der Entfernung, ihre Wirkung durch viele Millionen Meilen hindurch anzunehmen, gesellt sich die andere, nicht minder harte Zumuthung, zu glauben, dass die Schwere ohne gegenseitige Berührung der Weltkörper wirken, dass im

Aether eine mystische Kraft der Vermittlung wohnen soll. Gesetzt auch, der Aether sei wirklich im Stande, die Schwerkraft auf seinen Wellen oder durch den Stoss seiner Theilchen durch den Weltraum zu tragen, so bleibt immer noch unerklärt, wie die Schwerkraft von der Erde auf den Aether übergehen soll, wie die Umwandlung von Ruhe in Bewegung zu denken ist.

Eine weitere Instanz gegen die wechselseitige Anziehung der Weltkörper bildet der Umstand, dass jeder Körper, der auf einen andern anziehend wirkt und diesen dadurch an sich fesselt, auch seinerseits von einem andern, grösseren angezogen und dadurch in seiner Bahn erhalten werden muss. Diess führt zu einer unendlichen Reihe von immer grösseren Körpern und zuletzt konsequenterweise zu einem Körper, der so gross ist, wie das ganze Weltall. Diess widerspricht den Thatsachen.

Die Sonne, sagt man, übt auf die Erde eine anziehende Kraft. Dann ist weiter zu fragen, wo denn die Kraft sitzt, durch welche die Sonne veranlasst wird, in ihrer Stellung zu den Planetenbahnen unveränderlich zu bleiben, und nicht vielmehr in den Weltraum hinauszufallen und uns zu verlassen. Ihre eigenen Planeten können diese Dauer so wenig bewirken, wie die Körper, die wir von der Erde in die Höhe werfen, bewirken können, dass die Erde in ihrer Bahn verharrt. Diese Wirkung könnte nur von einem unermesslich viel grösseren Körper ausgehen. Gerade die Behauptung, dass es die Anziehung der Sonne sei, kraft deren die Planeten an sie gefesselt sind, macht es unmöglich, dass von den Planeten zur Sonne irgend eine wirksame Anziehungskraft ausgeht. Es muss also ein anderer Körper sein, der die Sonne an sich gefesselt hält, und der sie zwingt, ihn mit ihrem ganzen Planetenschwarm zu umkreisen; nur dann könnte ihre Stellung zu den Planetenbahnen immer dieselbe sein. Er würde aber seinerseits wieder einen andern, noch weit grösseren fordern, der die Kraft hat, ihm sein Gleichgewicht zu gewährleisten. So müsste es in's Unendliche fortgehen. Man gelangt auf diese Weise nicht etwa schliesslich zu einem Körper, der in der Mitte steht, Alles um sich her im Gleichgewicht erhält, und seinerseits von der Fülle der ihn umkreisenden Massen gehalten wird; denn wenn ein Körper in Folge seiner überlegenen Masse andere an sich kettet, so können diese andern ihn nicht wiederum an sich ketten, da doch nur der bedeutend grössere Körper im Stande sein soll, auf einen andern anziehend zu wirken.

In der Thatsache, dass ein Pendel am Aequator weniger Schwingungen macht, wie an den Polen, hat man einen besonders einleuchtenden Beweis für die Existenz der Schwerkraft sehen wollen. Um die grössere Zahl der Schwingungen an den Polen zu erklären, ging man von der Ansicht aus, dass das Pendel, so oft es von einer der beiden Seiten sich zur senkrechten Lage neigte, mit ganz besonderer Stärke nach unten gezogen wurde; dies ergab dann eine Kraft, die an den Polen stärker wirkte wie am Aequator, und da von allen Kräften allein die Schwerkraft, die im Mittelpunkt der Erde concentrirt war, und in der weiteren Entfernung vom Mittelpunkt geringer wirkte, eine solche Rolle spielen konnte, so wurde sie nun erst recht als die heilige Grundkraft angesehen. Dabei hat man aber gänzlich übersehen, dass dieselbe Kraft, die das Pendel besonders stark niederzieht, doch auch besonders stark wirkt, sobald das Pendel von der senkrechten Lage aus nach den beiden Seiten hinauf strebt. Derselbe Einfluss, der beim Sinken fördernd wirkt, muss doch beim Steigen hemmend wirken; je langsamer aber das Pendel nach oben gelangt, um so geringer ist die Zahl der Pendelschwingungen. Die logische Betrachtung des Sachverhalts lehrt, dass aus der Zahl der Pendelschwingungen ein Schluss auf die Stärke der von unten wirkenden Kraft nicht möglich ist. Bei einer Bewegung wie der des Pendels hemmt sie ebenso stark wie sie fördert. Daraus folgt zugleich, dass die Zahl der Pendelschwingungen von der niederziehenden Kraft völlig unabhängig ist, und dass die grössere Zahl der Schwingungen an den Polen aus einer anderen Ursache abgeleitet werden muss.

Bekanntlich hat man aus der Erklärung der grösseren Zahl der Pendelschwingungen an den Polen auf die Abplattung der Erde geschlossen. Solche richtigen Folgerungen aus irrigen Prämissen sind in der Geschichte der Naturerklärungen nicht selten, und beweisen, wie gewaltig der menschliche Drang, die Dinge natürlich zu erklären, im Geheimen wirkt und wie er sich selbst auf den Schultern des Irrthums emporringt; sie beweisen, dass es auch fruchtbare Irrthümer gibt. Wäre man nicht von dem Irrthum der Schwerkraft ausgegangen, so wäre man wahrscheinlich nicht zu der Thatsache der Abplattung gelangt. Aehnlich haben die alten ägyptischen Astronomen aus dem periodischen Wechsel von Tag und Nacht und aus der für sie selbstverständlichen Thatsache, dass die Sonne sich um die Erde dreht, geschlossen, dass wenn auf der einen Seite der Erde Tag ist, auf der andern Nacht sein muss. Eine Geschichte der fruchtbaren Irrthümer zu schreiben, wäre sehr verdienstlich. Der bedeutendste dieser Irrthümer wäre die Schwerkraft, auf deren Annahme die richtige Ueberzeugung von der Einheit der auf der Erde und der im ganzen Weltraum wirkenden Grundkräfte, also von der Harmonie des Universums beruht.

Sobald man die Erde und die andern Weltkörper mit einer Anziehungskraft ausstattete, musste man zwei Folgerungen ziehen. Einmal mussten sich dann die Weltkörper um so stärker anziehen, je grösser ihre Massen waren; für's zweite musste die Schwere im Quadrat der Entfernung abnehmen. Diese Folgerungen stehen und fallen mit der Gravitationstheorie. Da die Gravitationswirkung der Massen nicht anders aufgefasst werden konnte wie als Gravitationswirkung jedes einzelnen Theilchens der Masse, so ergab sich als weitere Consequenz die Lehre, dass alle Körper auf der Erde sich gegenseitig anziehen im direkten Verhältniss ihrer Massen und im umgekehrten des Quadrats der Entfernung.

Niemals sind solche Eigenschaften unserer Erdkörper sinnlich wahrgenommen worden, nirgends ist die gegenseitige Anziehung der Körper experimentell bewiesen worden und dennoch wird einer Spekulation zu Liebe verlangt, dass man daran glauben soll. Jeder einsichtsvolle Physiker, Newton voran, ist sich darüber klar, dass die Gravitationslehre eigentlich eine Absurdität ist, und dennoch wird jede Abweichung von dem ehrwürdigen Dogma als Frevel gebrandmarkt oder verspottet. Die Macht der Gewohnheit und die unwissenschaftliche Scheu, heiligen Traditionen mit kühler Skepsis entgegenzutreten, haben einen Zustand heraufbeschworen, der Alles ist, nur nicht gesund und vernünftig.

Der physikalische Hauptgrund gegen die Schwerkraft ist der Umstand, dass man Bewegung nur von Bewegung ableiten kann, niemals aus einem starren Zustand. Hierin beruht der Irrthum der Gravitationshypothese. Dazu gesellt sich der Richterspruch der zergliedernden Logik, der die Schwerkraft in's Reich der Phantasie verbannt.

Die grösste Schwierigkeit in dem Kampf gegen das Gespenst der Gravitation besteht darin, dass die Dinge in der That den Eindruck machen, als ob sie sich anziehen. Der Eindruck ist eine Thatsache, aber die Anziehung selber nicht. Der Schluss von dem sinnlichen Eindruck auf die Wahrheit ist sehr verlockend. Es gilt hier ein Vorurtheil der Sinne zu überwinden, wie damals, als man den Eindruck hatte, dass sich die Sonne um die Erde drehe.

II. Newton's Verhältniss zur Gravitation.

Der Punkt, in dem Newton einsetzte, war der augenfällige Zusammenhang zwischen der Annäherung des Mondes an die Erde und der Annäherung frei fallender Körper an die Erde. Nach dem Vorgang von Wren, Hooke, Halley, prüfte Newton den Gedanken, ob die Schwerkraft nicht in den Weltraum hinausreiche, ob die Kepler'schen Gesetze nicht durch dieselbe Kraft zu erklären seien, wie Galilei's Entdeckung. Es hat den Anschein, als wäre beides dasselbe, als sei es gleichgültig, ob man sagt, die Schwerkraft reicht in den Weltraum hinaus, oder ob man sagt, die Fallbewegung und die Bewegung der Himmelskörper lassen sich auf dieselbe Kraft zurückführen. In Wirklichkeit besteht zwischen beiden Wendungen ein bedeutsamer Unterschied; der Gedanke, dass in beiden Formen der Bewegung dieselbe Kraft wirke, kann richtig sein, aber der Gedanke, dass diese Kraft die Schwerkraft sei, braucht desshalb noch nicht richtig zu sein. Die Thatsache selber kann mit den Naturverhältnissen im Einklang stehen, aber die Erklärung beider Bewegungen kann falsch sein; und so ist es in der That. Wollte jemand auf Grund der richtig erkannten Thatsache dieselbe Form der Annäherung, in der die Fallbewegung auf der Erde geschieht, in seine Berechnung der Bewegung im Weltraum einführen, so müssten diese Rechnungen mit den Thatsachen im Weltraum stimmen. Die physikalische Ursache der Einheit beider Kräfte war für die mathematische Construktion gänzlich ohne Bedeutung; es kam hier ausschliesslich auf das Faktum an, nicht auf seine Erklärung. Nur im Lichte dieser Betrachtung ist Newton's Leistung zu verstehen. Jedem andern Standpunkt erscheint sie in schiefem Lichte. Man fühlt jetzt, wie unbegründet es ist, den Angriffen auf die Gravitationslehre mit dem Hinweis zu begegnen, dass auf Grund dieser Lehre die Bewegungen der Himmelskörper auf Jahrtausende mit minutiöser Sicherheit berechnet worden sind, und dass doch gerade hierin ein überzeugender Beweis für ihre Richtigkeit läge. Nicht auf Grund der Lehre von der Schwerkraft, sondern auf Grund der richtig erkannten Einheit der Fallbewegung und der Bewegung im Weltraum, nicht auf Grund der physikalischen Erklärung, sondern auf Grund der physikalischen Thatsache, nicht auf Grund einer physikalischen Leistung, sondern auf Grund einer mathematischen Leistung erfolgen die Berechnungen mit absoluter Sicherheit. Ob die physikalische Potenz, die Newton verwerthete, als Schwerkraft zu betrachten war, oder wie immer, war für die Wahrheit seiner Rechnungen ohne Einfluss. Die Arbeit, um derentwillen ihm noch eine späte Nachwelt in dankbarer Bewunderung köstlichen Lorbeerschmuck um die Stirne legen wird, ist die richtige, unvergleichliche mathematische Construction der falsch erklärten, von Kepler beobachteten elliptischen Bahnen der Planeten.

Newton glich auf's Haar jenen alten ägyptischen und griechischen Astronomen, die von der Thatsache ausgingen, dass wir die Sonne regelmässig bald sehen und bald nicht sehen. Sie erklärten sich diese Wahrnehmung dadurch, dass sie meinten, die Sonne bewege sich in 24 Stunden um die Erde; und sie bewiesen nun, auf Grund der richtig beobachteten, aber falsch erklärten Thatsache, mit mathematischer Sicherheit, dass jeder Tag und jede Nacht eine genau bestimmte Dauer habe.

Newton's Verdienst liegt aber nicht nur auf der mathematischen Seite. Er ist der Erste, der Ernst gemacht hat mit dem monistischen Gedanken, dass die Kräfte, die auf der Erde walten, auch wohl da oben im Weltraum walten werden. Bis dahin war man gewöhnt, die Erde als ein gänzlich isolirtes und eigenartiges Gebilde zu betrachten, das im Weltraum nicht seines Gleichen hat; man dachte sich den Weltraum und seine Körper mit Kräften ausgerüstet, die wesentlich verschieden waren von den Kräften auf der Erde. Den Gedanken der Einheit des Universums, mit dem schon seine Vorgänger gespielt hatten, im vollen Bewusstsein seiner Tragweite und in ernstester wissenschaftlicher Forschung verwerthet zu haben, ist ein weiteres der unsterblichen Verdienste des hehren Britten. Dass die Art, wie der Gedanke verwerthet wurde, eine irrthümliche war, nimmt dem Gedanken selber nichts von seiner Grösse. War es wirklich die Schwerkraft der Erde, die den Fall der Körper

veranlasste, so wäre die Anwendung des Gedankens
so richtig gewesen, wie der Gedanke selber. Der
Schluss, den Newton sich bildete, war formell richtig,
materiell nicht. Der erste Satz lautete, die Annäherung
fallender Körper an die Erde wird durch die Schwerkraft
bewirkt; der zweite lautete, die Gesetze, die für die
Erde gelten, gelten in grossen Zügen auch für den
Weltraum; und der Schluss war: Da die Annäherung
der Weltkörper aneinander denselben Eindruck macht,
wie die Annäherung frei fallender Körper an die Erde,
so wird auch die Annäherung der Weltkörper an
einander eine Folge ihrer Schwerkraft sein. Aus lo-
gischen Gründen ist gegen diesen Schluss nichts ein-
zuwenden; als logische Leistung ist er sogar eminent;
aber der Obersatz war materiell falsch und der geniale
Untersatz nutzte daher nichts.

Es hiesse nun aber Newton's Scharfsinn und seiner englischen, also nüchternen und natürlichen Auffassung der Dinge zu nahe treten, wollte man ihn
schlechterdings für die Gravitationslehre verantwortlich machen. Immer ist sie ihm als eine räthselvolle
Sphinx erschienen und immer von neuem hat er ihr,
von den verschiedensten Seiten aus, beizukommen ver-
sucht, ohne jemals zum Ziele zu gelangen. In einem Briefe
an Bentley vom Jahre 1693 erklärt er ausdrücklich,
dass die Schwerkraft etwas Unbegreifliches sei. Es
heisst da: It is inconceivable, that inanimate brute
matter should without the mediation of something
else, which is not material, operate upon and affect
other matter without mutual contact, as it must do,
if gravitation, in the sense of Epicurus, be essential

and inherent in it. Und weiter: That gravity should be innate inherent and essential to matter, so that one body may act upon another at a distance through a vacuum, without the mediation of anything else, by and through which their action and force may be conveyed from one to other, is to me so great an absurdity that J believe, no man, who has in philosophical matters a competent faculty of thinking, can ever fall into it.

Wie rathlos er der Gravitation gegenüberstand, illustriren folgende Daten: 1675 sagt er in einer der Akademie überreichten Schrift, er glaube im Aether die Ursache der Gravitation gefunden zu haben; 1678 schreibt er an Boyle, er suche noch immer die Ursache der Gravitation; 1686 schreibt er an Halley, wenn er die Ursache im Aether gesucht habe, so sei das nur eine Hypothese gewesen, auf die er keinen Nachdruck lege; 1693 schreibt er an Bentley, er müsse es der Consideration seiner Leser überlassen, ob sie eine materielle oder immaterielle Potenz als Ursache der Gravitation annehmen wollen. Jetzt haben ihn also alle vergeblichen Bemühungen schon derart in Verzweiflung gebracht, dass er sogar bei einer geistigen Ursache Zuflucht sucht.

Am Abend seines Lebens, der durch theologische Spekulationen getrübt wurde, scheint er sich mit der Idee abgefunden zu haben, dass in dem göttlichen Wesen, dessen Walten durch den Weltraum er jetzt annahm, die Erklärung der Schwerkraft zu suchen sei. Es wäre interessant zu untersuchen, wie weit etwa seine Verzweiflung über die vergeblichen Versuche einer natürlichen Erklärung der Schwerkraft mitgearbeitet hat an dem Netz, in dem sich schliesslich das einst so freie und den Weltraum durchdringende Denken des unvergleichlichen Mannes gefangen hat.

Es ist Newton mit der Schwerkraft ähnlich ergangen, wie Darwin mit der Abstammung des Menschen vom Affen. Wie heute alle Welt bei dem Namen Darwin nur an die Abstammung des Menschen vom Affen denkt, und seinen Namen hiermit geradezu identificirt, während diese Lehre doch nur ein Ring in Darwin's gewaltiger Schlusskette ist, der an sich nicht mehr Bedeutung hat, wie irgend ein anderer, der nur uns gerade am meisten interessirt, so dachte und denkt bei dem Namen Newton Jedermann an die Schwerkraft im Weltraum. Der Unterschied ist aber einmal, dass die Schwerkraft ein Irrthum ist, während die Abstammung des Menschen vom Affen durch die Thatsachen bestätigt wird; für's zweite, dass die Verlegung der Schwerkraft in den Weltraum den Leuten mundgerecht ist, während sie sich vor jener andern Lehre bekreuzigen. Der Gedanke der Harmonie des Weltalls, als deren Entdecker man Newton pries, hatte etwas so Bestechendes, dass man selig war, an diese Harmonie überhaupt glauben zu dürfen. Man vergass, dass die entdeckte Harmonie in der Weise, wie sie dargelegt wurde, physikalisch unmöglich war; man war froh, sie gefunden zu haben, und liess sich an der durch mathematische Gründe erhärteten Thatsache genügen; man vermied vielleicht auch absichtlich, das Dunkel der physikalischen Ursachen zu lichten, aus Furcht, es könne sich etwas einstellen, was den kostbaren Fund für unächt erklärte. Jedermann hatte und hat noch heute gegenüber der Harmonie des Weltalls das Gefühl: es ist so; und diess Gefühl ist auch berechtigt und steht mit den Thatsachen im Einklang; überdiess lag der mathematische Beweis vor, dass es so sein muss; es fehlte nur der Grund; an die Physik, die im Concert der Beweise ebenfalls ihre Rolle spielen wollte, und Befriedigung verlangte, kehrte man sich nicht. Ihr soll nun die alte Schuld abgetragen werden.

Noch zu Lebzeiten Newtons, aber besonders nach seinem Tode, begann man, den Accent von dem Factum der Einheit der Bewegung im Weltraum und auf der Erde fortzunehmen und auf die unmögliche physikalische Erklärung zu legen. Man gewöhnte sich daran, in der Schwerkraft die Lösung aller Probleme der Bewegung zu finden, und es waren wesentlich theistische Spekulationen, die diesen Gang der Dinge herbeiführten. Die Annahme einer geheimnissvollen, unergründlichen Urkraft ging so recht nach dem Herzen derer, denen der Glaube an ein göttliches Wesen Bedürfniss war. Schon Bentley sagt in der siebenten der acht Reden, die er im Auftrage der Curatoren der Boyle-Stiftung zur confutation of atheism hielt: „Wenn sich zeigen lässt, dass es wirklich eine solche Schwerkraft gibt, welche nicht der Materie als solcher zugeschrieben werden kann, und welche in der Constitution des gegenwärtigen Weltgebäudes wirksam ist; so würde diess ein neues und unwiderlegliches Argument für das Dasein eines göttlichen Wesens sein, indem es direkter und positiver Beweis dafür ist, dass ein immaterieller, lebender Geist die todte Materie lenkt und beeinflusst und das Weltgebäude erhält." Im Sinne Bentley's und seiner Nachfahren bestand zwischen der Herrlichkeit dieses göttlichen Wesens und der Schwerkraft ein ähnliches Verhältniss, wie zwischen dem Produkt zweier Massen und ihrer Schwerkraft; die Herrlichkeit des göttlichen Wesens stand in direktem Verhältniss zu der mystischen Tiefe der Grundkraft.

Wie den Einen die Annahme einer geheimnissvollen Schwerkraft für ihr göttliches Wesen zu Statten kam, so legten die Andern um der Einheit willen Werth darauf, die nun in die Natur kam. Bei Roger Cotes, der die zweite Auflage der Principien 1713 mit einer ausführlichen Vorrede geleitete, sprachen beide Faktoren mit. Er war froh, eine Urkraft, eine causa simplicissima der Erscheinungen gefunden zu haben und benutzte sie weiter zu der Folgerung, dass alles in der Welt voraus bestimmt sein müsse und damit auf einen Schöpfer deute.

Diese Vorrede war es schliesslich, die man mehr las, als das Werk selber, weil sie weniger Nachdenken erforderte. Wie Newton sah, dass man die Schwerkraft für eine Grundkraft der Materie zu halten anfing, protestirte er in der Vorrede zur zweiten Auflage seiner Optik 1717 mit Eifer gegen die Carrikirung seiner Lehre; wesentlich wohl veranlasst durch eine Aeusserung von Huyghens, er könne es nicht glauben, dass Newton die Schwerkraft als Grundkraft der Materie betrachte.

Aber nicht nur von weniger bedeutender Seite wurde Newton's Lehre verzerrt, sondern auch Männer wie Voltaire und Kant, denen spekulative Interessen fern lagen und die nicht daran dachten, eine Lehre für ihre Zwecke zu modeln, haben das Ihrige dazu beigetragen, dass man in Newton nichts sah, als den Helden, der das Räthsel von der Grundkraft aller Materie gelöst hat. Da der Eine für Frankreich, der Andere für Deutschland den philosophisch naturwissenschaftlichen Bestrebungen der Folgezeit das Gepräge geliehen hat, so kam es, dass besonders in diesen beiden Ländern die Schwerkraft, über der man nun einen doppelten Heiligenschein sah, als unzweifelhafte Grundkraft verehrt wurde.

In Newton's eigenem Vaterlande regten sich in den letzten Jahrzehnten die ersten Zweifel an einer allgemeinen, gegenseitigen Attraktion aller Körper der Erde und des Weltraums. Sie wuchsen an Zuversichtlichkeit seit dem Beginn des siebenten Jahrzehnts. Im Jahre 1873 erklärte Thomson in seinen Papers on Electrostatics and Magnetism: „Das achtzehnte Jahrhundert bildet eine wissenschaftliche Schule für sich, in welcher an Stelle des nicht unnatürlichen Dogma's der früheren Scholastiker: ‚ein Körper kann dort nicht wirken, wo er nicht ist,' das abenteuerlichste aller Paradoxa gesetzt wurde: ‚Berührung existirt nicht.' Dieser sonderbare Gedanke schlug tiefe Wurzeln und diesen entsprosste ein unfruchtbarer Baum, welcher den Boden aussaugte, und das ganze Gebiet der Molekularphysik überschattete, auf welche so viele unnütze Arbeit der grossen Mathematiker im Anfang unsers neunzehnten Jahrhunderts verschwendet worden ist."

Am 4. Februar 1873 hielt Maxwell in der R. J. einen Vortrag, in dem er die Lehre von der unvermittelten Attraktion verwarf; er fügte hinzu, dass man nicht Newton, sondern Cotes dafür verantwortlich zu machen habe. In ähnlichem Sinne soll sich, wie Maxwell weiter anführt, schon Faraday ausgesprochen haben.

Bei uns war es besonders Dubois Reymond, der immer von neuem gegen die actio in distans polemisirte. Schon im Jahre 1872 hatte er in Leipzig auf der 45. Versammlung der Naturforscher gesagt: „Durch den leeren Raum in die Ferne wirkende Kräfte sind an sich unbegreiflich, ja widersinnig, und erst seit Newton's Zeit durch Missverstehen seiner Lehre und gegen seine ausdrückliche Warnung den Naturforschern eine geläufige Vorstellung geworden." Aehnlich äusserte er sich bei einem Vortrag in Crefeld im Jahre 1877 und sonst.

Aber alle diese Männer kehren ihre Pfeile doch mehr gegen die unvermittelte Anziehung der Körper untereinander, als gegen die Anziehung selber. Sie erklären nicht ausdrücklich, dass sie die ganze Gravitationslehre verwerfen; sie halten es für möglich, dass sich mit der Natur des Aethers eine Vermittlerrolle verträgt, die noch nachzuweisen wäre. Aber sie haben das Verdienst, auf den Faktor hingewiesen zu haben, der unter allen Umständen aus einer Gravitationslehre als unmöglich zu eliminiren ist, die unvermittelte Anziehung. In dieser Erkenntniss, die sich früher nur vereinzelt fand, sind denn eine ganze Reihe von Versuchen gemacht worden, die Vermittlung des Aethers in Anspruch zu nehmen. Der Pfad, den einst Décartes und Huyghens einschlugen, ist in neuerer Zeit betreten worden von Zöllner, Secchi, Weber, Dellingshausen, Schramm, Lesage, Thomson, Spiller, Isenkrahe u. A. Erstaunlicher Scharfsinn wurde auf die Frage verwendet, wie denn die Vermittlerrolle des Aethers und der Atome zu denken sei. Aber es war die Quadratur des Cirkels, nach der man sich abmühte; es war ein Irrlicht, von dem man getäuscht wurde.

Wenn Helmholtz erklärt, das Gravitationsgesetz sei die imponirendste Leistung, deren die logische Kraft des menschlichen Geistes jemals fähig gewesen ist, so bleibt diess Urtheil zu Recht bestehen, wenn man es auf dasjenige bezieht, was in Newton's Leistung wirklich das Wesentliche war. Nach Helmholtz's Auffassung freilich ist diese Leistung desshalb so eminent, weil Newton aus der Einheit der Fallbewegung und der Bewegung im Weltraum geschlossen hat, dass die Schwerkraft, die doch Ursache der Fallbewegung war, auch die Bewegung im Weltraum veranlasst. Entkleidet man diesen Satz der physikalischen Erklärung, die, ohne den Schluss zu beeinflussen, hineingeschoben ist, so hat man den Schluss von der Einheit beider Erscheinungen auf dieselbe physikalische Ursache. In dieser Form, die den Kern von Newton's Schluss bildet, ist seine Leistung in der That ein logisches Kunstwerk ohne Gleichen.

Sehr klar, wie immer, hat die Geschichte des Materialismus sich über Newton und seine Stellung zur Schwerkraft ausgesprochen. Lange bemerkt: „Newton war weit davon entfernt, in der Attraktion jene Grundkraft der Materie zu erblicken, als deren Entdecker man ihn jetzt zu preisen pflegt. Wohl aber hat er die Annahme einer solchen universalen Anziehungskraft dadurch befördert, dass er seine unreifen und unklaren Vermuthungen über die materielle Ursache der Attraktion vollkommen bei Seite liess, und sich rein an das hielt, was er beweisen konnte: die mathematischen Ursachen der Erscheinungen unter Voraussetzung irgend eines Prinzips der Annäherung, das im umgekehrten Quadrat der Entfernung wirkt; seine Natur sei in physikalischer Beziehung, welche sie wolle."

Und weiter: „Er trennte entschlossen die mathematische Konstruktion, die er geben konnte, von der physikalischen, die er nicht fand, und damit wurde er wider Willen zum Begründer einer neuen, den offenbaren Widerspruch in die ersten Elemente aufnehmenden Weltanschauung." „Aus dem Triumph der rein mathematischen Leistung erwuchs so in seltsamer Weise eine neue Physik." „Der Stoss der Atome sprang um in einen einheitlichen Gedanken, der als solcher, ohne Vermittlung, die Welt regiert."

Im Grunde brauchte Newton zu seinen Rechnungen nur ein Prinzip der Annäherung, das den Eindruck einer Fallbewegung machte, und eine Tangentialkraft, die immer von neuem ablenkte und den einen Weltkörper am andern gleichsam sicher vorüberführte; oder, mathematisch gesprochen, er brauchte Kräfte, aus denen sich die elliptische Bahn der Planeten und ihre periodische Geschwindigkeitsänderung ergeben konnte. Zu seinen Rechnungen war nicht nöthig, dass sich die Körper anziehen; es musste nur der Eindruck vorhanden sein, als ob sie sich anziehen: es musste nur eine Kraft vorausgesetzt werden, die in ihren Wirkungen derjenigen Kraft äquivalent war, die wirklich die Bewegung im Weltraum hervorruft.

III. Die Natur der Ellipse.

Copernicus, bevor er den geocentrischen Irrthum stürzte, widmete seine Aufmerksamkeit der Thatsache, dass die Sonne in ihrer Stellung zu den Planeten niemals eine Aenderung erleide. Sollte also die bisherige Ansicht richtig sein, der Wechsel von Tag und Nacht werde dadurch erzeugt, dass sich die Sonne um die Erde drehe, so müsste sie diese Drehung mit dem gesammten Planetensystem ausführen. Diese Folgerung schien aber Copernicus einen irrthümlichen Inhalt zu haben, da die Annahme, es drehe sich ein so ungeheurer Körper wie die Sonne mit der ganzen Fülle der Planeten um einen verhältnissmässig so winzigen wie die Erde, seiner natürlichen Sinnesweise nicht entsprach.

Unzweifelhafte Thatsache war bei der ganzen Bewegung der Wechsel von Tag und Nacht. Hier setzte Copernicus ein und legte sich nun die Frage vor, ob dieser Wechsel sich denn nicht auf andere Weise erklären lasse, wie durch Drehung der Sonne um die Erde, die zu einer so unnatürlichen Annahme zwang.

Unzweifelhafte Thatsache bei der Bewegung im Weltraum ist die von Kepler beobachtete elliptische Form der Planetenbahnen. Man erklärte sich diese eigenthümliche Bewegung durch eine Centralkraft, die von dem Körper, um den die Drehung stattfand, immer von neuem ausging, so dass die Planeten veranlasst wurden, diesem Körper entgegenzustürzen, aber jedesmal von einer Tangentialkraft abgelenkt und glücklich vorübergeleitet würden. Diese Erklärung führte zu der unnatürlichen Annahme einer Schwerkraft. Es fragt sich daher, ob sich die elliptische Form der Planetenbahnen nicht auch anders erklären lässt.

Man denke sich an einen hohen horizontal liegenden Balken ein Strick gebunden, das herunterhängt und an dessen unterem Ende eine Kugel befestigt ist; wie man eine solche Vorrichtung zum Kegelumwerfen häufig findet. Diese Kugel kann auf dreierlei Weise eine elliptische Bahn beschreiben, sobald man, mit ihr in der Hand zurücktritt, und sie dann freigibt. Entweder könnte man ihr im Momente des Loslassens einen so geschickten Stoss geben, dass sie lediglich durch diesen Stoss zu einer elliptischen Bahn gezwungen wird. Diese elliptische Bahn wird sie nach ihrem Gewicht, der Länge des Stricks und der Stärke des Stosses eine Zeitlang fortsetzen und schliesslich von selber zur Ruhe kommen.

Zweitens wär es denkbar, dass die Kugel, so oft sie sich der Stelle nähert, die sie in ihrer ruhenden Lage eingenommen hatte, durch eine andere Person etwas nach aussen gezogen wird. Die Ausbuchtung auf der einen Seite würde auch eine Ausbuchtung auf der andern zur Folge haben. Um sie auf diese Weise in einer elliptischen Bahn zu halten, wäre also das Wirken zweier Kräfte nothwendig.

Oder drittens könnte sich die Kugel zuvor in einer kreisförmigen Bewegung befunden haben; erhält sie dann einen einzigen Stoss von innen nach aussen, so beginnt eine elliptische Bewegung.

Die erste Möglichkeit ist für die elliptische Bahn der Planeten bedeutungslos. Die Annahme einer Kraft, die im Stande gewesen wäre, die Planeten derart fortzuschleudern, dass sie fortan elliptisch um die Sonne kreisen müssten, ist wissenschaftlich unmöglich und würde die Natur in einen Jongleur verwandeln. Die zweite Möglichkeit hat man bisher als Erklärung genommen; sie führt aber zu Kräften, die durch die Ferne wirken, und ist daher in's Reich der Phantasie zu verbannen. So bleibt nur die dritte Möglichkeit; liesse sich nachweisen, dass die Planeten ursprünglich eine physikalisch begreifliche kreisförmige Bewegung hatten, und dass diese durch irgend einen Stoss von innen nach aussen in eine elliptische verwandelt wurde, so wäre alles erklärt. Bevor an der Hand einer Prüfung der Kant'schen Kosmogonie der physikalische Nachweis dieser Entstehung der elliptischen Bahnen aus ursprünglich kreisförmigen gegeben wird, sei noch auf die logische Nothwendigkeit dieser Entstehungsart hingewiesen. Sowohl die Annahme, dass die elliptische Bewegung von vornherein durch einen ganz eigenthümlichen und künstlichen Stoss erzeugt wurde, als die Annahme, dass sie durch immer von neuem durch die Ferne wirkende Kräfte hervorgerufen und erhalten wird, ist physikalisch unmöglich. Da noch eine andere Art der Entstehung der Ellipsen als die dritte, wonach sie aus ursprünglichen Kreisen sich entwickelten, nicht denkbar ist, so ist diese letztere Entstehung logisch nothwendig. Aber die Kraft der Logik reicht noch weiter. Die einzige kreisförmige Bewegung, die sich im Weltbeginn denken lässt, sind die Kreise, die ein jedes Theilchen des um seine Axe sich drehenden Urkörpers während der Axendrehung vollendete; während der ganze Körper sich um seine Axe drehte, beschrieb jedes Theilchen einen Kreis; sowie heute während die Erde eine Axendrehung macht, jeder Gegenstand auf und in ihr einen Kreis beschreibt.

Wir schliessen daraus mit Nothwendigkeit, dass die Planeten ihre ursprünglich kreisförmige Bewegung als Theile des Urkörpers vollendeten, und dass durch irgend eine physikalische Ursache die ursprüngliche kreisförmige und im Zusammenhang mit dem Urkörper erfolgende Bewegung später eine selbständige und elliptische wurde. Eine wahre Fluth des Lichtes ergiesst sich aus diesem Schluss durch den Weltraum. Die Erlaubniss, in ihre Wellen zu tauchen, hat die Logik bereits ertheilt, aber auch die Physik muss gefragt werden, sei es auch nur pro forma; denn eine Erlaubniss, die jene wirklich ertheilt hat, kann diese niemals zurückziehen.

So hat denn Kant mit dem Grundgedanken seiner Kosmogonie auch vor dem Forum der Logik Recht bekommen; und diese als die letzte und höchste Instanz zu betrachten, mit deren Ausspruch sich keine andere vergleichen lässt, ist oberste Satzung in der kleinen stillen Gemeinde der Denkenden. Die bedeutsamste Unterstützung hat dieser Grundgedanke der allmählichen Entwicklung der Planeten aus dem Sonnenkörper in Kirchhoff's wundervoller Entdeckung gefunden, die uns lehrt, dass die Stoffe der Körper im Weltraum von den Stoffen auf der Erde nicht wesentlich verschieden sind.

So richtig aber auch Kant's Grundgedanke war, so vielfache Incongruenzen mit den Thatsachen hat seine Ausführung im Einzelnen aufzuweisen.

IV. Kant's Kosmogonie.

Dass alle Dinge aus einem Urstoff entstanden seien, war schon Ansicht der Jonier. Sie haben aber nur die Erde in den Kreis ihrer Betrachtung über das Entstehen der Dinge gezogen. Erst die Stoiker haben die stoffliche Einheit der Urmasse für das ganze Planetensystem angenommen. Sie setzen eine Urkraft oder ein Urfeuer; beides ist ihnen dasselbe; nur haben sie je nach ihrer Individualität der Eine auf die Kraft in dem Urzustande den Accent gelegt, der Andere auf den Stoff; der Eine sah in der Urmasse mehr ein aktuelles, göttliches Wirken, der Andere mehr ein stoffliches Dasein. Aber Alle haben die Begriffe Urkraft und Urfeuer oder Gott und Welt für identisch erklärt. Das Urfeuer verwandelt sich zunächst, wie schon Heraclit lehrte, in luftartigen Dunst, dann in Wasser; ein Theil des Wassers wird zur Erde, ein anderer bleibt Wasser, ein dritter wird atmosphärische Luft, aus der sich Feuer entzündet. Durch die Mischung dieser vier Grundstoffe bildet sich zuerst die Erde und dann die übrigen Planeten.

Das Gleiche bei Kant und den Stoikern ist die Annahme, dass es ursprünglich eine einzige Urmasse gegeben hat, aus der sich die Planeten entwickelt haben. Die Ausführung ist bei Kant eine wesentlich andere. Er setzt eine gasförmige Masse als Urzustand der Materie, in die irgend eine Rotationsbewegung gekommen ist, durch welche sich eine Anzahl von festeren Massengruppen mehr als die übrige gasförmige Masse verdichteten, und auf letztere nun als Anziehungsmittelpunkte wirkten. Diese Ausführung ist wesentlich verschieden von der Weise der Stoiker, weil Kant die ersten Veränderungen und Entwicklungsstadien lediglich auf das vornehmste Prinzip in der Natur zurückführt, auf mechanische Bewegung; die Bewegung ist die Quelle aller Entwicklung.

Kant bedarf also zweier Voraussetzungen zur Erklärung des Weltentstehens; erstens einer Bewegung, die irgendwie hineingekommen ist, und zweitens einer Anzahl festerer Massenkomplexe, die in Folge ihrer Schwere eine Anziehungskraft auf die leichteren Massen ausübten. Die letzteren schlossen sich der Rotationsbewegung der festen Gruppen an.

Es ist auffällig, dass Kant in der gasförmigen Urmasse eine Reihe kompakter Gruppen annimmt, diese Gruppen als Anziehungscentren für die weniger festen Gasmassen betrachtet, und aus jeder ein Sonnensystem entstehen lässt. Es wäre doch viel einfacher gewesen, die Ringe sich von der Einen mächtigen Urmasse loslösen und dann später von der zusammengeballten Ringmasse wieder neue Ringe sich absondern zu lassen. Werden mehrere kompakte Gruppen angenommen, so bleibt unerklärt, wie sich ihr festerer Zustand gebildet haben soll. Die Verdichtung, mit der Kant nachher operirt, ist eine Folge der Axendrehung; hier aber soll eine grössere Dichte schon vor dem Beginn der Rotationsbewegung vorhanden sein. Und die Schwerkraft soll doch nur da wirken können, wo festere Gruppen bereits vorhanden sind.

Die einfache Annahme einer gleichförmigen Gasmasse und einer Rotationsbewegung hätte dasselbe endgültige Resultat ergeben. Der Grund, aus dem Kant den Umweg über die kompakten Massen eingeschlagen hat, liegt auf der Hand. Liess er nur die Urmasse rotiren und aus ihr die Weltkörper sich entwickeln, so ging die Schwerkraft beim Weltbeginn ebenso leer aus wie der Poet bei der Theilung der Erde. War sie, wie Kant überzeugt war, eine Grundkraft der Materie, so musste sie im Weltanfang nothwendig eine Rolle spielen. In ihrer Würde als Grundkraft hätte sie eigentlich die erste Rolle zu spielen gehabt; da diess aber bei der natürlichen Entwicklungsform, die Kant statuirte, nicht möglich war, so musste sie sich mit einer Nebenrolle begnügen und bekam die Aufgabe, die dünneren Gasmassen zu den dichteren zu locken.

Uebrigens liegt kein Grund vor, die festeren Massen, wenn man solche überhaupt erst annahm, nicht auch so gross anzunehmen, dass sie aus sich allein, ohne Anziehung der dünneren Massen, die Weltkörper hätten erzeugen können. Nothwendig war die Schwerkraft bei Kant's Vorstellung vom Weltbeginn in keinem Fall. Es musste ihr doch aber irgend ein Platz zugewiesen werden; in der That, eine wenig beneidenswerthe Rolle, die diese gewaltigste und herrlichste aller Kräfte im Weltanfang bei einem ihrer unbedingten Anhänger spielt.

Die Axendrehung erzeugte, lehrt Kant weiter, je

schneller sie wurde, eine um so grössere Hitze. Die Hitze, die erhitzten Gasmassen, wurden, soweit sie noch in dünnerem Zustande waren, in den Weltraum ausgestrahlt. Dadurch erfolgte eine Zusammenziehung und Verdichtung jeder der rotirenden Gasgruppen. Die Verdichtung erfolgte in der Richtung nach der Mitte, weil die Centripetalkraft wirkte. Wie dann die Centrifugalkraft überhand nahm, erfolgte eine Ablösung.

Es kommt hier darauf an, Ursache und Folge richtig zu sondern, die Causalität klar zu fixiren. Der Grundzug in diesem Entwicklungsstadium ist der Umsatz von Bewegung in Wärme. Die beginnende Erhitzung ist eine Folge der Rotation: diese setzt sich zusammen aus dem Stoss, den jedes Theilchen dem vor ihm liegenden ertheilt. Je schneller die Axendrehung erfolgt, um so heftiger ist der Stoss, und um so grösser die Reibung. Wie die Rotation selber, so erklärt sich auch ihre wachsende Schnelligkeit aus dem Stoss, den ein Theilchen der noch flüssigen Masse dem andern ertheilt; diese Stösse erfolgen unaufhörlich, so dass die Bewegung, die der zweite, ebenso starke Stoss hervorruft, zu der ersten Bewegungsgeschwindigkeit noch hinzukommt. Der zweite Stoss wird von dem ersten Theilchen ertheilt, weil sich der erste durch die Masse fortgesetzt und das Theilchen selber wieder erreicht hat. Durch diese fortgesetzte Bewegung erfolgt eine immer grössere Schnelligkeit der Axendrehung. Die Massen, die noch die geringste Dichte besitzen, entweichen als glühende Gase; die andern ziehen sich in der Richtung der Axe zusammen. Der Name Centripetalkraft ist für diess Bestreben der Massen nicht glücklich; er kann sogar irreführen. Die Tendenz der Theilchen geht nicht etwa nach dem Mittelpunkt der ganzen Masse, sondern für jedes Theilchen nach dem Mittelpunkt des Kreises den es bisher beschrieben hat, und weiter beschreibt. Durch die Kraft, welche die Theilchen in Folge der Axendrehung nach innen presst, kann die bisherige Richtung ihrer Bewegung nicht beeinflusst werden. Diese Bewegung geschah in einer Unzahl paralleler Ebenen, die von der Axe rechtwinklig geschnitten wurden. Nur die Theilchen in der Aequatorebene wurden nach dem Centrum der ganzen Masse getrieben. Es ist diess die Grundform, in der die Zusammenziehung geschah. Dass sie nicht in der reinen Richtung der geraden Linie zu erfolgen brauchte, ist klar; war etwa das Theilchen, durch das ein andres auf seinem Wege nach innen fortgedrängt wurde, fester wie dieses, und lagen über und unter diesem weiche Theilchen, so kann das erste Theilchen auch nach diesen gedrängt worden sein. Da bei dem Namen Centripetalkraft in der Regel nur an eine Tendenz nach dem Mittelpunkt des ganzen Körpers gedacht wird, so wird er besser durch Axenkraft ersetzt. Diese Axenkraft ist nur eine Folge der Rotation. In einem Körper, der sich nicht um seine Axe dreht, fehlt den Theilchen die Tendenz nach der Mitte. Die Stossbewegung, die bei der Rotation ein Theilchen dem andern ertheilt, läuft nur desshalb im Innern der Masse entlang, weil jedes Theilchen vom andern umschlossen ist. An der Peripherie einer rotirenden

Masse sind die Theilchen nicht von allen Seiten umklammert; hier kann der Stoss ein Theilchen auch etwas nach aussen treiben, und dadurch den Zusammenhang lockern. Wo der Stoss am stärksten ist, wird die Lockerung am weitesten gehen.

Am Aequator ist die Bewegung am heftigsten, weil hier in derselben Zeiteinheit ein grösserer Kreis beschrieben wird, wie irgendwo anders; am Aequator kann daher am ehesten eine gänzliche Loslösung erfolgen. Ist der Stoss nachgerade ein unbegrenzt starker geworden, so wird auch die Abschleuderung eine unbegrenzt kräftige sein. Was man früher Centrifugalkraft nannte und als besondere Kraft ansah, ist nur eine Lockerung des Zusammenhangs am Aequator; eine Tendenz, vom Centrum fortzufliehen, wohnt den äquatorialen Massen nicht inne. Durch die Lockerung gewannen diese Massen einen breiteren Raum für sich, und dehnten sich, bisher durch die Axenkraft zusammengepresst, nach Aussen; diese Bewegung hatte eine Abplattung des ganzen Körpers zur Folge. Die Axenkraft ging darüber nicht etwa verloren, sie wurde nur durch die Lockerung eingeschränkt, und durch die Loslösung momentan überboten.

Die Ablösung ist nach Kant eine ringförmige gewesen. Voraussetzung dieser Annahme wäre eine auf allen Seiten des Sphäroidäquators gleichzeitig erfolgende Absonderung; diese ist nur möglich, wenn der Verdichtungsprocess der äquatorialen Massen gleichmässig vor sich gegangen war. Lockerte sich der Zusammenhang an irgend einer Stelle früher, wie an der andern, so musste hier die Loslösung früher erfolgen. Denkbar wäre ja eine so künstliche, harmonische Loslösung, aber viel natürlicher ist es, anzunehmen, dass bald hier, bald dort am Aequator Lockerung und Absonderung eintraten.

Die Ringe sollen sich allmählich zu Planeten zusammengeballt haben. Hier wird wieder die Schwerkraft herbeigezogen, kraft deren eine besonders dichte und schwere Stelle im Ring die leichteren Massen angelockt hätte. Eine solche Annahme widerspricht aber Kant's eigener Voraussetzung, da die ringförmige Ablösung eine auf allen Seiten in demselben Verdichtungsstadium befindliche Aequatormasse verlangt. Gesetzt aber, die eine Stelle ist wirklich dichter und wirkt anziehend auf die andern Theilchen, so müsste die Schwerkraft gleichsam um die Ecke wirken, da doch die Masse den Stammkörper umschliesst; sie müsste ferner entweder eine Verlangsamung in der Bewegung der Ringmassen hervorrufen, falls man sich vorstellt, dass die Massen sich an der verdichteten Stelle in einer der Kreisbewegung entgegengesetzten Richtung sammeln; oder sie müsste eine grössere Geschwindigkeit bewirken, wenn man annimmt, dass die Sammlung in derselben Richtung wie die Bewegung erfolgt. Solche Funktionen der Schwerkraft, besonders das Wirken um die Ecke zeigen recht deutlich ihre Unnatur.

Gegen die kreisförmige Loslösung, die nach Kant die Bahn der zukünftigen Planeten bezeichnet, spricht statt aller andern die Thatsache, dass die Bahnen der Planeten gar keine Kreise sind, sondern Ellipsen.

Wie sich die kreisförmige Bewegung in eine elliptische verwandelt haben könnte, erörtert Kant nicht; er hilft sich mit dem Hinweis auf die kleinen Ungenauigkeiten in den Naturverhältnissen, die einen genauen Verfolg der Entwicklung unmöglich machen. Auf diese Weise lässt sich den Dingen freilich alles aufbürden. Ein Hinweis auf die Ungenauigkeiten in der Natur, mit denen die Richtigkeit einer Theorie erkauft werden soll, ist die gefährlichste Instanz, die in eine wissenschaftliche Naturbetrachtung eingefügt werden kann. Auch die kritische Schärfe eines Strauss acceptirte gelassen Kants Ausflucht.

V. Die Individualisirung des Urkörpers.

Um die Form, in der die Loslösung erfolgen musste, zu verstehen, ist festzuhalten, dass die Axendrehung des Körpers mit der Zeit eine unbegrenzt schnelle geworden war. Jedes Theilchen beschrieb in verhältnissmässig sehr kurzer Zeit seinen Kreis, am schnellsten geschah diese Bewegung am Aequator, da hier in derselben Zeiteinheit ein grösserer Kreis zurückzulegen war, wie sonstwo. Die Theilchen und Theilchengruppen ertheilten hier den vor ihnen liegenden Massen den kräftigsten Stoss. Im Innern, wo jede Masse von einer andern umschlossen war, konnte der Stoss keine andere Richtung geben, als die bisherige kreisförmige; an der Peripherie aber, wo die eine Seite der Massen frei war, und dem Stoss auf dieser freien Seite keine aufhaltende Masse entgegenstand, konnte der Stoss auch nach aussen wirken und musste nach aussen stärker wie nach innen wirken, weil auf der innern Seite Widerstand vorhanden war. Am Aequator war der Stoss am stärksten; er konnte also hier am ehesten zu einer vollständigen Loslösung führen. Das losgelöste Stück setzte seinen Weg mit derselben Schnelligkeit wie bisher fort, vergrössert noch um die Kraft des letzten Stosses, der die definitive Individualisirung bewirkte; die Richtung wurde aber eine andere, da der Stoss in der Richtung einer geraden Linie wirkt, die bisher nur in Folge der Axenkraft umgebogen war; daher schlug die losgelöste Masse zunächst, weil die Kraft des Stosses momentan stärker war, als die Axenkraft, die Richtung der geraden Linie ein. Bisher war die Axenkraft stärker gewesen, weil ihr die Thatsache zu Hülfe kam, dass der Stoss mit seiner geraden Richtung durch die umklammernden Massen paralysirt wurde. Jetzt, wo er ungehemmt wirken konnte, erwies sich seine Wirkung stärker wie die Wirkung der Axenkraft und bewirkte eine Abschleuderung in gerader Richtung und in weite Ferne. Aber die Axenkraft, durch welche die Masse bisher mit unbegrenzter Kraft nach der Axe gepresst wurde, ging darüber nicht verloren; sie wurde nur momentan überboten.

Der Stoss, den die abfliegende Masse erhalten hatte, liess allmählig nach, weil nicht mehr wie bisher immer neue Stösse folgten; aber dieses Nachlassen war nicht ein Verlust an der Kraft, mit der er erfolgt war, sondern eine Einschränkung der Wirkung dieser Kraft. Wird eine Feder niedergedrückt, so geht nicht etwa ein Theil ihrer Kraft verloren, sondern die Wirkung der Kraft wird für den Augenblick eingeschränkt. Dieses Nachlassen des Stosses macht es der Axenkraft, die bisher mit ungeheurer Gewalt die Masse nach innen zog, und in dieser Gewaltäusserung wohl momentan gehindert, aber nicht definitiv geschädigt werden kann, möglich, sich wieder geltend zu machen, und zwar in einer der Bahn des Stosses entgegengesetzten Richtung. Diese Tendenz ist von vornherein vorhanden, sie ist nur für den Augenblick überwältigt von der Stosskraft, sie wächst im Quadrat der Entfernung. In dem Moment, wo die beiden Kräfte, in Folge der Zunahme der Wirkung der Axenkraft und der Abnahme der Wirkung der Stosskraft, eine gleich starke Wirkung üben, wird ein kurzer Stillstand in der Bewegung eintreten; dann aber wird die Axenkraft stärker wirken wie die Stosskraft und eine Umkehr bewirken. Entsprechend der Verlangsamung bis zum Stillstand wird sie jetzt, da sie sich immer stärker geltend macht, eine wachsende Geschwindigkeit der Bewegung hervorrufen.

Von dem Moment der Umkehr bis zu dem Augenblick, wo die Stosskraft wieder übermächtig wird, verhalten sich die durchjagten Räume, gleichsam die Fallräume, wie die Quadrate der Fallzeiten; und bis zu diesem Augenblick wächst die Wirkung der Axenkraft immer noch im Quadrat der Entfernung, d. h. der seit dem Abfliegen vom Stammkörper zurückgelegten Bahnstrecken. Das stete Wachsen dieser Wirkung hat seinen Grund darin, dass die Masse durch eine andere Kraft aus ihrer natürlichen Lage, in die sie durch die Rotation gebannt war, fortgeführt wurde, und diese andre wird allmählich überboten. Ihr Wachsen nach der Umkehr hat mit der nunmehr erfolgenden Annäherung an den Stammkörper gar nichts zu thun, sondern würde auch stattfinden, wenn dieser inzwischen gänzlich verschwunden wäre. Lediglich die Tendenz, die alte Lage wieder einzunehmen, d. h. die Wirkung der Axendrehung des Stammkörpers, durch die alle seine Theile mit ungeheurer Gewalt nach innen gepresst werden, bewirkt das stetige Wachsen der auf dieser Axendrehung beruhenden Axenkraft. Es ist genau dasselbe, wie mit dem Wachsen der Tendenz zur Rückkehr, das auf der Bahn eines von der Erde in die Luft geworfenen Körpers stattfindet. Diese Bahn, von der Erde bis wieder zur Erde gerechnet, charakterisirt sich ebenfalls als ein allmähliches Wachsen der niederziehenden Kraft, gleichgültig, wie diese zu erklären ist, und eine allmähliche Abnahme der hinaufschleudernden Kraft. Nur die Bahn selber ist eine andere, weil die Kraft, mit der wir einen Körper hinaufschleudern, allmählig versiegt; die Tendenz, in gerader Linie von der Erde fortzufliegen, ist eine so schwache, dass sie auf den Rückweg nicht ausweitend wirken kann. Die Stosskraft hingegen, mit der jene kosmischen Massen abgeschleudert werden, ist eine unbegrenzt grosse und wirkt bei dem Rückweg ausweitend auf die Bahn des Weltkörpers; sie führt ihn am Stammkörper vorüber. Wurde bisher die Stosskraft durch die Axenkraft aus ihrer natürlichen Richtung gedrängt, so schwillt jetzt die Tendenz, diese natürliche Richtung wieder einzunehmen, in demselben Maasse an, wie vorher die Axenkraft. Dadurch wird eine allmähliche Verlangsamung, dann Stillstand und endlich Umkehr bewirkt; und nun jagt die Masse in der ursprünglichen Richtung mit anfangs wachsender Geschwindigkeit durch den Raum. Die Geschwindigkeit wächst zunächst, weil die Axenkraft, die, nach Vorüberführung der Masse am Stammkörper, diese Masse vom Stammkörper fortzuführen bestrebt ist, immer mehr von der Stosskraft überwältigt wird, die ihrerseits wieder ihre ursprüngliche Richtung einnehmen will. Wenn die Masse sich jetzt, nach der zweiten Umkehr, dem Stammkörper wieder nähert, so ist es gerade die Tendenz, in gerader Linie fortzufliegen, die diese Annäherung bewirkt. Allmählich gewinnt dann die Axenkraft, die in ihrer Tendenz, den am Stammkörper vorübergeführten neuen Körper von ersterem fortzuführen, durch die in ihre ursprüngliche Richtung wieder einbiegende Stosskraft überwältigt worden war, von Neuem die Oberhand, und die Masse schnellt wieder zurück. Der Name Axenkraft hat von nun an nur noch eine historische Bedeutung. Nach der ersten Umkehr sauste der Körper in Folge dieser Kraft zurück; da er aber durch die ausweitende Wirkung der nicht gänzlich überwältigten Stosskraft am Stammkörper vorübergeführt wurde, so schlug die ursprüngliche Tendenz zur Rückkehr in ihr Gegentheil um.

Jede einmal ertheilte Bewegung, gleichgültig in welcher Richtung sie erfolgt, behält diese Richtung, so lange keine andere Kraft sie ablenkt. War die Bewegung durch eine unbegrenzt starke Wirkung gegeben, so muss sie auch in unbegrenzt langer Zeit fortdauern. Von Unendlichkeit im eigentlichen Sinne ist dabei nicht die Rede; es handelt sich nur um eine Kraftwirkung und eine Zeitdauer, die über menschliche Fassungskraft hinausgehen. Der Stammkörper hat mit der elliptischen Bewegung gar nichts mehr zu thun; eine Wirkung auf die losgelöste Masse übt er nicht mehr aus.

Da bei dem Urkörper, von dem die ersten Ablösungen ausgingen, eine fortschreitende Bewegung durch den Weltraum nicht anzunehmen ist, so beschrieben die abgeschleuderten Massen ihre Ellipsen immer an derselben Stelle im Weltraum. Die Theile aber, die sich von diesen Massen wieder loslösten, beschrieben ihre Ellipsen in der grossen elliptischen Bahn ihrer Stammkörper; es sind diess Ellipsen im Verhältniss zum Stammkörper, aber nicht als Bewegung durch den Weltraum.

Der Grund, aus dem diese Massen aus zweiter Hand die Bewegung ihres Stammkörpers mitmachen, ist derselbe, aus dem etwa ein Ball, den man im Coupé eines mit grösster Schnelligkeit fahrenden Eisenbahnzuges an die Decke wirft, zu Boden kommt, also die schnelle Fortbewegung mitmacht, statt von der Rückwand einen heftigen Stoss zu erhalten. Wird man während der Fahrt die Thür öffnen, unter rechtem Winkel mit dem Waggon festhalten, und den Ball ausserhalb des Coupé's an der Seite der Thür, die der Lokomotive zugekehrt ist, fallen lassen, so würde er von der Thür einen gewaltigen Stoss erhalten. Im Coupé kommt der Körper zu Boden, weil die Luftmasse im Coupé die Bewegung mitmacht. Aus demselben Grund fällt ein im Freien senkrecht in die Höhe geworfener Körper auf derselben Stelle nieder, wo er den Flug begann, während doch die Erde inzwischen erstens ihre Axendrehung fortsetzt und 1314 Pariser Fuss in der Sekunde zurücklegt, der Körper also eigentlich 1314 Fuss weiter nach Westen fallen sollte, und zweitens ihre Bewegung durch den Weltraum fortsetzt, also in der Sekunde 4 Meilen weiter fliegt, der Körper also 4 Meilen weiter nach derjenigen Seite fallen musste, von der diese Bewegung gerade kommt. Die Atmosphäre macht eben die Bewegung der Erde mit und schiebt den Körper vorwärts. Aehnlich macht die ganze ungeheure Gasmasse, die nach und nach aus der Erde in Folge ihrer Zusammenziehung entwichen ist und von der die Erde bis in eine Höhe von vielleicht vielen hunderttausend Meilen umlagert wird, ihre Bewegung um die Sonne mit. Diese Gasmasse schiebt auch als kleines Stäubchen die Gasmasse, in der der Mond sich befindet; auf seine elliptische Drehung um die Erde hat sie keinen Einfluss, weil sie nur vorwärts schiebt. Ebenso führt die Gasmasse, von der die Sonne viele Millionen Meilen weit umgeben ist, mit ungeheurer Schnelligkeit die Planeten mit. Es handelt sich hier nicht etwa um ein Tragen, sondern lediglich um ein Schieben; ein Tragen ist nicht nöthig, da die einmal begonnene elliptische Bewegung im Weltraume ohne Einwirkung anderer Kräfte nicht aufhören kann; die anthropomorphen Vorstellungen vom Fallen finden da oben keine Verwerthung. Erde und Mond werden von derselben Gasmasse vorwärts geschoben; da der Mond nach seiner Ablösung zu einer elliptischen Bahn gezwungen wurde und da er in jedem Moment durch dieselbe Kraft geschoben wird wie die Erde, so bleibt die Erde dauernd in dieser Ellipse.

Die Axenkraft und die Stosskraft beschränken wechselseitig die eine die Wirkung der andern; aus ihrem Zusammenwirken entstand die elliptische Bahn der Weltkörper.

Da der Stoss in der Richtung, in der er ursprünglich erfolgte, am stärksten wirken muss, so wird die Entfernung der losgelösten Masse vom Stammkörper auf dieser Seite am grössten sein. Daher steht der Stammkörper ungefähr in dem Einen Brennpunkt der elliptischen Bahnen seiner Planeten. Diese Thatsache zu erklären, war für Kant unmöglich, und ein Hinweis auf die kleinen Ungenauigkeiten in den Naturverhältnissen war bei dieser so fest bestimmten Ordnung nicht am Ort.

Die Bewegung des neuen, selbständigen Körpers hat also mit der Schwere des alten, mit seinem starren stofflichen Zustand nichts zu thun, sondern ist lediglich eine Folge, eine weitere Entwicklung der lebendigen Bewegungsform des alten. Die kreisförmige Bewegung hat sich zu der elliptischen specialisirt. Im strengen Sinne ist diese Bewegung nur bei den Weltkörpern eine elliptische, die sich von dem Urkörper losgelöst haben. Bei denen, die sich auf dieselbe Weise von diesen losgelösten Massen abgesondert haben, sind es ähnliche Figuren, wie sie Darwin in seinem Werke über das Bewegungsvermögen der Pflanzen den Spitzen der letzteren zuschreibt. Diese Spitzen der Blätter und Stengel beschreiben nach Darwin elliptische Umdrehungen, und da sie wachsen, so werden daraus schraubenförmige Gestalten.

Da die Körper nach der Ablösung eine elliptische Bahn beschreiben, so ergiebt sich, dass jeder Körper im Weltraum um irgend einen andern elliptisch rotirt, und dass jeder Körper, der um einen andern elliptisch rotirt, ursprünglich ein Theil dieses andern war.

Die dauernde elliptische Bahn ist eine Folge des Fortwirkens der Stosskraft und der Axenkraft. Die Rotationskraft, die auf die Masse wirkte, so lange sie noch am Stammkörper haftete, ist verwandelt worden in zwei in verschiedener Richtung wirkende Kräfte, deren Gesammtwirkung genau so stark ist, wie die Wirkung der Einen Rotationskraft. In der elliptischen Bewegung der Weltkörper feiern das Gesetz von der Erhaltung der Kraft und sein grosser Entdecker H. Helmholtz, ihren glänzendsten Triumph.

Dass die abgeschleuderten Massen zu einer Axendrehung gelangen, ist leicht einzusehen. Lässt man von dem Dach eines Hauses eine Stange fallen, die etwa ein Meter lang ist, so hängt die Form, in welcher die Fallbewegung erfolgt, von der Lage ihres Schwerpunkts ab. Liegt der Schwerpunkt genau in der Mitte und hat die Stange beim Beginn ihres Fallens eine horizontale Lage, so bleibt diese Lage dieselbe, bis der Boden erreicht wird, weil dem Widerstand der Luft von beiden Hälften der Stange die gleiche Kraft entgegengesetzt wird. Liegt der Schwerpunkt an dem einen Ende, so setzt das andere der Luft eine geringere Kraft entgegen und wird daher durch den Druck der Luft nach oben getrieben; es bleibt im Fallen gleichsam zurück. Liegt der Schwerpunkt zwischen dem Mittelpunkt der Stange und dem einen Ende, so wird zunächst die leichtere Hälfte nach oben gewendet; da aber ihre Schwere nur wenig hinter der Schwere der andern Hälfte zurückbleibt, so wird sie sich, oben angelangt, in Folge des von dem Luftdruck erhaltenen Schwunges, weiter drehen; die schwere Hälfte erhält aber ebenfalls, sobald sie eine halbe Umdrehung gemacht hat und nun in ihrer ganzen Länge und Breite von dem Druck der Luft getroffen werden kann, einen

Schwung. Auf diese Weise entsteht die Axendrehung. Je näher der Schwerpunkt am Mittelpunkt der Stange liegt, um so gleichmässiger wird der Luftdruck auf jede der beiden Hälften wirken. Diese einfachen Momente, auf die kosmische Bewegung angewendet, erklären die Axendrehung der Weltkörper.

Die Theile, die sich vom Stammkörper loslösten, waren unförmige Massen der verschiedensten Gestalt. Ihr Schwerpunkt lag bei der einen mehr dem Rande zu, bei der andern mehr der Mitte zu; unzählige verschiedene Lagen des Schwerpunkts waren möglich; genau in der Mitte hat er wohl bei keiner gelegen, da keine eine so harmonische Gestalt gehabt haben wird. Dagegen wird es oft vorgekommen sein, dass er bei länglichen Massen, die fortgeschleudert wurden, am einen Ende lag, so dass eine Axendrehung nicht eintreten konnte. Gerade die unförmige Gestalt der Massen war zur weiteren Entwicklung nothwendig. Sonst war die Axendrehung, die Quelle alles Lebens, nicht möglich.

Unmittelbar nach der Abschleuderung bewirkte der Widerstand der durchjagten Gasmassen, dass die weiche Masse auf der Seite, die diesem Widerstand zunächst ausgesetzt war, gleichsam plattgedrückt wurde, und so oft bei der Axendrehung diese Seite nach vorn kam, gab es einen Ruck, weil die durchjagte Gasmasse in diesem Momente einen grösseren Widerstand als sonst zu leisten vermochte. Dieser Ruck verlor sich in dem Maasse, als die Masse in Folge der Axendrehung sich zusammenzog und abrundete. In den flüssigen Massen dagegen, die durch den Ruck in ungeheure Bewegung gesetzt wurden, zitterte der Ruck noch lange nach. Auf der Erde hat er sich auch heute noch nicht völlig verloren, wie Fluth und Ebbe und die Erdbeben beweisen.

Durch die Verkleinerung des Stammkörpers wuchs die Schnelligkeit der Rotation, und dadurch die Hitze. Der Umsatz von Bewegung in Wärme verminderte die Bewegung. In unbegrenzter Zeit war soviel Bewegung in Hitze übergegangen, dass einerseits der Körper einen unbegrenzt hohen Hitzegrad erreicht hatte, andrerseits eine Fülle von Bewegung aufgehört hatte zu wirken. Die Rotation wurde nun immer langsamer und die Hitze nahm ab durch Ausweichen glühender Gasmassen in den Weltraum, ohne, wie bisher, durch die wachsende Schnelligkeit der Rotation wieder vermehrt zu werden. So konnte allmählig eine Abkühlung eintreten, bei grösseren Körpern langsamer, bei kleineren schneller. Die Abkühlung trat zuerst an den Polen ein, weil hier die Rotation am geringsten war. Buffon hat daher Recht, wenn er meint, das erste Leben sei an den Polen gewesen.

Die Untersuchungen des Grafen Saporta haben diese Ansicht bestätigt.

VI. Die Kepler'schen Gesetze.

Wie Copernicus die Thatsache fand, dass die Erde sich um die Sonne dreht, nicht diese um jene, so fand Kepler die Form, in der sich diese Thatsache vollzieht. Dieselbe elliptische Form der Umdrehung, die er bei der Erde beobachtet hatte, bemerkte er auch bei den andern Planeten und im Verhältniss der Trabanten zu ihren Planeten. Er fand weiter, immer unter den Strapazen des dreissigjährigen Krieges, dass die von den Brennpunkten nach dem Planet gezogenen Radii vectores für dieselbe Dauer der Zeit stets dieselbe Fläche bilden und endlich, dass die Quadrate der Umlaufszeiten sich verhalten wie die Würfelzahlen der Radien der mittleren Entfernungen. Im Kern entsprechen diese drei Gesetze den Verhältnissen im Weltraum und sie gehören zu den glänzendsten Entdeckungen, aber man darf sie nicht im absoluten Sinne nehmen. So wenig die Planeten im streng mathematischen Sinne Ellipsen beschreiben, so wenig umschliessen die Radii vectores für dieselbe Zeit immer genau dieselbe Fläche, und am wenigsten findet ein arithmetisch so streng formulirtes Verhältniss der Umlaufszeiten zu den Entfernungen statt. Aber der Kern der Gesetze bleibt für alle Zeiten wahr; es handelte

sich für Kepler darum, seine Beobachtungen in irgend
eine mathematische Form zu kleiden; und er hat nun
die Formen gewählt, die der Wahrheit sehr nahe
kommen und im Grossen und Ganzen mit ihr überein-
stimmen. Dabei von kleinen Ungenauigkeiten in der
Natur zu sprechen, wäre eine anthropomorphe Vorstellung; die Bewegung gehorcht immer und überall
dem Causalitätsgesetz; man kann eine Abweichung
von den gewöhnlichen Normen konstatiren, darf aber
nicht vergessen, dass die Dinge sich mechanisch von
Ursache zu Wirkung entwickeln, und dass die Formen,
die wir der Bewegung nachsagen, von der Eigenart
unserer Geistesthätigkeit abhängen. Wesen mit einem
anders entwickelten Geiste, die etwa nur einen zwei-
dimensionablen Raum kennen, und sich demnach das
ganze Universum mit allen seinen Körpern als in einer
Ebene liegend vorstellen, würden zu ganz andern Berechnungen gelangen, aber das mechanische Hervor-
gehen eines Zustands aus dem andern würden sie auch
kennen.

Dass die Bahnen der Planeten keine Ellipsen im
strengen Sinne sind, dass die Planeten vielmehr kleine
Abweichungen vornehmen und nur im Grossen und
Ganzen elliptische Bahnen wandeln, wurde häufig beobachtet. So bildete die Bahn der Venus, die vom
1. Januar bis 5. September 1847 rechtläufig war, und
dann rückläufig wurde, am Anfang der rückläufigen
Bewegung eine Schlinge. Sobald ein Weltkörper mit
seiner mächtigen Gashülle die Gashülle eines andern
Weltkörpers auf seiner elliptischen Bahn erreicht, wird
die kräftiger wirkende Gashülle die andere zurück-

drängen und diese andere wird dieselbe Wirkung auf ihren Weltkörper üben. Würde die schwächere Gasmasse von der hervordrängenden in ihrer ganzen Breite gefasst werden können, so würde die kräftigere sie fortwährend vor sich hertreiben; da die Weltkörper sich aber nicht in der Weise bewegen, dass einer hinter dem andern herjagt, sondern sich ihre Pfade nur bisweilen kreuzen, so wird die schwächere Gashülle von der stärkeren momentan bei Seite geschoben, um sofort, nachdem die stärkere vorübergezogen ist, ihre gewohnte Bahn wieder aufzunehmen. Dadurch entsteht in der Bewegung eine Schlinge. Die Gashülle des einen Weltkörpers erweist sich nicht desshalb von stärkerer Wirkung, weil etwa ihre Gasmassen an sich widerstandsfähiger wären, als die eines andern. Die Natur der Gasmassen, die den einen Weltkörper umschliessen, ist dieselbe, wie bei jedem andern, weil die Bedingungen, unter denen sie aus dem einen und dem andern ausgewichen sind, während er sich durch die Axendrehung zusammenzog, dieselben waren, und weil ursprünglich eine gleichförmige Gasmasse im Weltraume vorhanden war. Die überlegene Wirkung findet nur darin ihre Ursache, dass bei dem Druck, den zwei Gasmassen auf einander ausübten, die Zusammenpressung derjenigen, die weniger weit in den Weltraum hineinreichte, also die Zusammenpressung der Gashülle des kleineren Körpers ihren Weltkörper schneller erreichte und eher auf ihn einen Druck ausübte, als es bei der weiter in den Weltraum hinausreichenden der Fall sein konnte. Im Grunde liegt hier dieselbe Bewegung vor, wie bei dem Umstand, dass der Mond die Bewegung der Erde durch den Weltraum mitmacht, oder die Planeten die fortschreitende Bewegung der Sonne. Der Druck der Gasmassen wirkt hier wie dort, nur dass er dort verschiebt, weil er die entgegenkommenden Gasmassen gleichsam nicht in der Front, sondern in der Flanke fasst; und dass er hier schiebt, weil die ganze Breite der Masse gefasst werden kann. Auch Spiller war der Gedanke aufgegangen, dass der Druck des „Weltäthers", wie er es nennt, von Bedeutung sei für die Bewegung; aber er hat damit gerade das erklären wollen, was nicht damit erklärt werden konnte, und das nicht erklärt, was damit zu erklären war. Die elliptischen Bewegungen des einen Weltkörpers um den andern lassen sich dadurch nicht erklären, da man dann innerhalb der Gashülle noch eine ganz besondere Form der Gasbewegung annehmen müsste, die eine elliptische Rotation veranlasste, und nach deren Herkunft und Natur man vergeblich fragen würde. Dagegen ist die Thatsache der Mitbewegung durch den Weltraum ganz einfach durch den Druck der Gasmassen zu erklären.

Dass die Sonne in dem Einen Brennpunkt der elliptischen Planetenbahnen steht, ist eine Folge des Umstands, dass der abschleudernde Stoss nach der Richtung, in der er erfolgte, stärker wirken musste, als nach der entgegengesetzten, also in weitere Entfernung vom Stammkörper führte. Dasselbe ist bei dem Mond und der Erde der Fall.

Auch die Beobachtung, dass jeder Planet in gleichen Zeiten gleiche Flächen beschreibt, bezeichnet die Wahrheit nur annähernd. Es ist Thatsache, dass die

Bewegung der Planeten in der Mitte der rechtläufigen und der rückläufigen Bewegung sich beschleunigt, und dass in den Zeiten der jedesmaligen Umkehr eine Verlangsamung, fast ein Stillstand eintritt. Nach dem Moment der Abschleuderung gewann die unterdrückte Tendenz der Zusammenziehung nach der Axe nur ganz allmählich die Oberhand über die Stosskraft, und führte dadurch eine allmähliche Verlangsamung der Bewegung herbei. Als beide Kräfte im Gleichgewicht waren, trat ein momentaner Stillstand ein, weil die Masse nach vorn und nach rückwärts gleich stark gezogen wurde. Mit dem Ueberwiegen der Axenkraft erfolgte die Umkehr und die Bewegung wurde, entsprechend der wachsenden Wirkung der Axenkraft immer schneller. Aber die nunmehr unterdrückte Stosskraft regte sich ebenfalls wieder, und das Wachsen ihrer Wirkung führte nun ihrerseits eine Verlangsamung herbei; im Momente des Gleichgewichts kam der Stillstand, und im Momente des Uebergewichts die Umkehr, die nun mit wachsender Schnelligkeit vor sich ging, bis die Axenkraft wieder eine Verlangsamung bewirkte. Axenkraft und Stosskraft können nach dem Gesetz von der Erhaltung der Kraft nicht verloren gehen und erzeugen durch ihre Wechselwirkungen Beschleunigung und Verlangsamung.

Vollends das dritte Kepler'sche Gesetz bedarf einer vorsichtigen Anwendung. Arithmetische Werthe haben nur dann unbedingte Giltigkeit, wenn die zu Grunde liegenden Erscheinungen unabänderlich sind. Es sind aber Aenderungen im Perihel beobachtet worden. Tisserand u. A. legte 1872 der französischen Akademie eine Arbeit vor, in der die säkulare Aenderung des Perihels beim Merkur auf 6,28 Sekunden, bei der Venus auf 1,32 Sekunden geschätzt wurde. Scheiblers Werthe, 6,74 und 1,43 Bogensekunden stimmen damit überein. Mit der Aenderung des Perihels ändern sich auch die Radien der mittleren Entfernungen. Die Aenderungen des Perihels rühren von dem gegenseitigen Druck der Gashüllen.

Diese kleinen Einschränkungen der Kepler'schen Gesetze tangiren nicht ihren dauernd giltigen Kern. Sie sind nur erwähnt worden, um zu zeigen, wie die in diesen Blättern aufgestellte Weltanschauung mit den kleinen und kleinsten Thatsachen im Weltraume nicht nur übereinstimmt, sondern sie auf natürliche Weise mechanisch erklärt. Das dritte Kepler'sche Gesetz ist nicht etwa ein im Sinne Kant's analytisches Urtheil. Wenn Körper um einen andern eine Bahn von weiterm Umfange beschreiben, als andere, so braucht ihre Bahn desshalb noch nicht eine längere Zeitdauer zu erfordern. Ihre Geschwindigkeit könnte eine grössere sein, so dass sie in derselben Zeit wie andere ihre weitere Bahn zurücklegen. Das wesentliche bei Kepler's drittem Gesetz ist die Beobachtung, dass die Länge der Zeit im direkten Verhältniss zur Länge der Bahn steht; man könnte seinem dritten Gesetz auch die Fassung geben: die Umlaufszeiten stehen in direktem Verhältniss zur Länge der Bahnen. Je grösser der abschleudernde Stammkörper noch war, um so länger dauerte seine Axendrehung und der Umlauf der neuen selbständigen Massen, der dieselbe Geschwindigkeit hat, wie früher am Aequator des Stammkörpers, vermehrt um die Kraft des letzten Stosses; und um so grösser ist die Bahn, die bei der Drehung zurückzulegen ist.

Weber erklärt, sobald die relative Geschwindigkeit, die sich zwei Massen in Folge der Gravitation ertheilen, den Werth 59,320 geographische Meilen erreicht, vermag die Gravitation eine noch stärkere Wirkung nicht mehr auszuüben. Das heisst in die Sprache der Natur übersetzt: die Stosskraft kann, sobald sie ihre stärkste Wirkung erreicht, eine Geschwindigkeit des Körpers bis zu 59,320 geogr. Meilen verursachen.

Omne ovum ab ovo, sagte ein grosser Naturforscher; omnis cellula e cellula, sagte ein nicht minder grosser; omnis motus e motu ist der Angelpunkt dieser Schrift. Bewegung lässt sich nur von Bewegung ableiten, niemals aus einem starren Zustand.

VII. Die Planeten.

An die Kepler'schen Gesetze schliesst sich ein weiteres Gesetz. Da auf der Seite der Planetenbahn, die den einen von den beiden Brennpunkten gleichsam umschliesst, die Grösse der Stosskraft über die Entfernung vom Stammkörper entscheidet; auf der Seite dagegen, die den andern Brennpunkt umschliesst, die Stärke der Axenkraft über diese Entfernung entscheidet, so ergiebt sich ein Gesetz über das Verhältniss der Excentricität einer Planetenbahn zur Grösse der beiden sich wechselseitig beschränkenden Kräfte. Es lässt sich nicht etwa so formuliren, dass man von dieser Excentricität ein direktes Verhältniss zur Stosskraft, ein umgekehrtes zur Axenkraft behauptet, denn auf der einen Seite hängt die Entfernung von der Stosskraft ab, auf der andern von der Axenkraft; vielmehr ist zu sagen: Die Excentricität einer Planetenbahn hängt von dem Ueberschuss der Stosskraft über die Axenkraft ab. Die relative Grösse der letzteren ist ohne Einfluss. Sie wirkt auf beiden Seiten mit gleicher Stärke, das eine Mal die Excentricität stärkend, das andere Mal sie mit der gleichen Potenz schwächend; die Stosskraft hingegen wirkt auf der Seite, die ihrer natürlichen Richtung entspricht, stärker wie auf der andern und, vermöge ihres Ueberschusses, stärker wie die Axenkraft. Ein Ueberschuss über die Wirkung der Axenkraft war im Momente des Abfliegens immer vorhanden; sonst wäre eben ein Abfliegen nicht möglich gewesen. Ist die Stosskraft aber etwas grösser als die Axenkraft, so wird der Körper auf der Seite, wo die Stosskraft herrscht, etwas schneller fliegen.

Aus dem Umstand, dass die neuen Körper nur vom Aequator ihres Stammkörpers abgeschleudert wurden, weil hier mit der freieren Wirkung des Stosses die grösste Heftigkeit verbunden war, ergiebt sich, dass die Bahnen der Planeten nahezu in einer Ebene liegen, und zwar in der Ebene des Sonnenäquators. Die geringe Abweichung rührt daher, dass die stossenden und abschleudernden Massen bald oben etwas stärker wirkten, bald unten. Denkt man sich an irgend einer Stelle des Sonnenäquators eine in Loslösung begriffene Masse, und hinter dieser eine andere, die an ihrem obern Ende schwerer ist, wie an ihrem untern, und daher mit dem ersteren stärker gegen die gelockerte Masse drückt, so wird sie, falls ihr Schwerpunkt über dieser liegt, sie also über die gelockerte noch etwas hinausragt, der letzteren im Momente des Abfliegens einen Druck nach unten ertheilen. Aber noch auf andere Weise ist eine Abweichung von der Sonnenäquatorebene nach oben oder nach unten möglich. Denkt man sich die gelockerte Masse oben und unten von parallelen Ebenen begränzt, so wird, je nachdem eine durch eine dieser Ebenen nach der Axe gezogene gerade Linie mit der vom Mittelpunkt zum Nordpol oder mit der vom Mittelpunkt zum Südpol gezogenen Graden einen spitzen Winkel bildet, die Masse nach oben oder nach unten fliegen. Diese Abweichungen der Planetenbahnen von der Aequatorialebene ihres Stammkörpers sind aber geringfügig; so weicht die Erdbahn von der Aequatorialebene der Sonne nur um $7\frac{1}{2}°$ ab. Die Abweichungen der Planetenbahnen von der Erdbahn betragen mit Ausnahme des Merkur und der kleinen Planeten zwischen Mars und Jupiter höchstens $3°$; letztere Grösse findet sich bei der Venus.

Wie die Winkel, unter denen die Aequatorialebene der Sonne und die Ebenen der Planetenbahnen einander schneiden, von den Winkeln abhängen, unter denen die theoretisch angenommenen, die sich lockernde Masse oben und unten abschliessenden Ebenen gegen die Axe geneigt waren, so hängen die Winkel, unter denen sich die Aequatorialebenen der Planeten mit der Aequatorialebene der Sonne schneiden, von dem Winkel ab, den die sich lockernde Masse mit einer durch sie und die Sonnenaxe gelegten Ebene bildet. Wenn diese Masse dergestalt am Aequator lag, dass sie sich länglich hinstreckte, so könnte diess Gebilde eine solche Ebene entweder rechtwinklig schneiden, oder gewissermassen in ihr liegen, oder unter einem spitzen Winkel gegen sie geneigt sein. Die Axendrehung nach der Loslösung erfolgte unter demselben Winkel. Lag das Gebilde ungefähr in der Ebene des Sonnenäquators, wurde es also durch jene Sonnenaxenebene gleichsam rechtwinklig geschnitten, so blieb es auch nach der Individualisirung in dieser Ebene; die Axendrehung konnte daran nichts ändern, weil diese nur eine Folge des ungleichen Widerstands war, den die beiden Hälften der Masse der Luft entgegensetzten. Die Aequatorialebene des neuen Körpers lag in der Aequatorialebene des alten.

Hatte das Gebild dagegen unter irgend einem Winkel zu jener Ebene gelegen, so blieb auch dieser Winkel derselbe, und die Aequatorialebene des neuen Körpers bildet mit der des alten nach wie vor denselben Winkel.

Die Bewegungsschnelligkeit der selbständigen Massen blieb dieselbe, wie im Zustande der Unselbständigkeit, vermehrt um die Kraft des letzten abschleudernden Stosses; jedoch ist hier nur von dem Durchschnitt der Geschwindigkeit die Rede, da die Wechselwirkung von Stosskraft und Axenkraft periodische Aenderungen in der Schnelligkeit hervorrufen. Der Widerstand der Gasmassen wird aber auch als geringe Potenz in Rechnung zu ziehen sein, so dass die Fortbewegung des neuen Körpers nicht wesentlich schneller oder langsamer als die Axendrehung des Stammkörpers anzunehmen sein wird. Daraus ergiebt sich das Alter der Planeten und die Zeit, in der die Sonne im Momente der jeweiligen Abschleuderung ihre Axendrehung vollendete. Sie brauchte, als sie den nach gegenwärtiger Kenntniss in der längsten Zeit umlaufenden Planeten abschleuderte, den Neptun, ungefähr 164 Jahre zur Axendrehung; bei dem zweitältesten, dem Uranus, waren es ungefähr 84 Jahre, bei Saturn 29, bei Jupiter 12, bei Mars $1^3/_4$, bei der Erde 1 Jahr, bei der Venus 7 Monate, bei Merkur 88 Tage. Heute braucht sie 25 Tage zur Axendrehung.

Die Erde brauchte zur Zeit der Abschleuderung des
Mondes 28 Tage, heute 24 Stunden. Die neue elliptische Bahn darf nicht wesentlich länger als die alte
kreisförmige gedacht werden; die Sonne wird, als sie
den Neptun abschleuderte, eine Grösse gehabt haben,
die auf beiden Seiten an seine Ellipsenhälften rührte.
Die Zunahme der Drehungsgeschwindigkeit ist eine
Folge der immer weiteren Zusammenziehung und
Verkleinerung; indessen giebt es einen Punkt, wo
diese Zusammenziehung aufhört, wo also eine weitere
Verdichtung nicht mehr möglich ist.

Die Erde hat die Periode ihrer höchsten Rotation
hinter sich und ihre Axendrehungsgeschwindigkeit
nimmt jetzt allmählich ab. Neuere Astronomen, wie
Hansen, Adams, Delaunay wiesen nach, dass sich
die Tagesdauer seit 2000 Jahren um den 85. Theil
einer Sekunde verlängert hat.

Bei der ausserordentlich viel langsameren Axendrehung der älteren Massen und bei dem Umstande,
dass die jüngeren von vornherein in einem Zustande
grösserer Verdichtung waren, wird sich im allgemeinen
sagen lassen, dass der Entwicklungsgrad eines Planeten,
also sein specifisches Gewicht, von seinem Volumen
abhängt. Je grösser dieses, um so geringer jenes.
Die Abweichungen erklären sich aus dem Alter; das
Alter wird insbesondere da mitsprechen, wo es sich
um Planeten von ungefähr gleicher Grösse handelt;
es kann dann der kleinere, wenn er jünger ist, ein
geringeres specifisches Gewicht haben, als der ältere
und grössere, weil letzterer bereits den höchsten Grad
der Verdichtung erreicht haben kann. Sobald aber die

Volumendifferenz eine enorme ist, spielt das Alter keine Rolle. Mit diesen Sätzen stimmen die Thatsachen überein. Die einzige Abweichung des Jupiter wird daraus zu erklären sein, dass er durch einen besonders starken Druck der durchjagten Gasmassen, die seine Masse besser wie die andern in der ganzen Breite ihrer beiden Seiten gefasst haben, zu einer viel schnelleren Axendrehung gelangt ist. Seine Axendrehung dauert 9 St. 55 M., obgleich er 1414 mal so gross wie die Erde ist. Das geringere specifische Gewicht der Venus als der grösseren Erde und des Uranus als des grösseren Neptun erklärt sich aus der Altersdifferenz, die bei der geringen Volumendifferenz eine Rolle spielt.

Aus dem Alter eines Planeten lässt sich allein noch nicht auf den Grad seiner Entwicklung schliessen. Derselbe hängt vielmehr von seinem Volumen und seinem Alter ab. Ein jüngerer Planet, der kleiner ist, kann einen viel höheren Entwicklungsgrad besitzen, als ein älterer, der grösser ist. Je grösser der abgeschleuderte Planet war, um so langsamer war zunächst seine Axendrehung; sie wuchs allmählich mit der Verdichtung und Verkleinerung.

Ueber die speciellen Entwicklungsstadien der Planeten kann die Physik und die Astronomie keine Auskunft geben; das vermag nur die Chemie. Jedenfalls aber sind die Hauptentwicklungsphasen der Planeten dieselben; wie die Normen, die für unser Sonnensystem gelten, auch für die zahllosen andern Sonnensysteme gelten. Die Modificationen betreffen nicht das Wesen, sondern die Formen, in denen sich das Wesen gefällt.

Sie beziehen sich nicht auf die elliptische Bahn um einen Centralkörper, nicht auf das Verhältniss zwischen der Entfernung vom Centralkörper und dem Ueberschuss der Stosswirkung im Momente der Abschleuderung, nicht auf die Entwicklung vom feuerflüssigen Körper zum festen, nicht auf die wachsende Schnelligkeit der Axendrehung mit zunehmender Verdichtung und Verkleinerung, auch nicht auf die Grundstoffe in den verschiedenen Weltkörpern, die nur in verschiedener Quantität und Specialisirung auftreten. Dagegen kann es Sonnensysteme geben, in denen Massen von ziemlich gleicher Schwere sich vom Stammkörper so schnell nach einander losgelöst haben, dass bei ihnen die Hauptentwicklungsphasen ziemlich in dieselbe Zeit fallen. Sie würden dann alle zu derselben Zeit glühen, sich verdichten und aufhören zu glühen. Der Gedanke, dass wie bei uns in jedem Sonnensysteme nur Ein selbstleuchtender Körper vorhanden ist, hat keine Berechtigung. Es kann in einem andern drei oder vier Sonnen geben, und in einem dritten gar keine; in diesem wäre dann bei allen Körpern bereits eine Abkühlung eingetreten; ein Schicksal, dem schliesslich auch unsere Sonne verfällt. Der Himmel würde dann in ewiger Sternenpracht erglänzen, aber es würde auf der Erde Niemand mehr geben, der sich daran erfreut. Die Zahl der selbstleuchtenden Körper wird dann aber erheblich abgenommen haben.

Dann kann es einen Stammkörper geben, der in dieselben Entfernungen nach allen Seiten unzählige Massen abgeschleudert hat. So lange diese noch glühen, werden sie einen Ring um den Stammkörper zu bilden scheinen. In dieser Weise wird auch der Ring des Saturn zu erklären sein. Oder es sind zwei Massen von gleicher oder verschiedener Grösse unmittelbar hintereinander nach derselben Richtung abgeschleudert worden. Dann werden sie in gegenseitiger Begleitung ihre Bahn um den Stammkörper zurücklegen. So ist es beim Sirius und seinem Begleiter.

Wieder in einem andern Sonnensystem kann der Stammkörper durch besonders starke Individualisirung so klein geworden sein, dass er schneller wie seine abgeschleuderten Massen das eigene Licht verliert. Sind auch diese schon ohne kräftige Leuchtmacht, so wird der Stammkörper in weiter Entfernung überhaupt nicht mehr gesehen, und es macht dann den Eindruck, als ob zwei oder mehr Sonnen um einen Punkt kreisen, der gar nicht existirt; die Gravitationstheorie hat hier die wunderliche Ausflucht bei der Hand, dass sie um ihren gemeinsamen Schwerpunkt rotiren, also von einem Punkt angezogen werden, der in Wirklichkeit gar nicht vorhanden ist. Aber es ist ebenso möglich, dass ihr Stammkörper sich durch völligen Zusammensturz in den Weltraum zerstreut hat, und gar nicht mehr vorhanden ist; auf die Bewegung der Sonnen ist diess ohne Einfluss; die elliptische Bewegung geht fort nach dem Gesetz von der Erhaltung der Kraft; und die Gashülle, die der verschwundene Körper um sich gebildet hat, wird ebensogut von der grossen Gashülle desjenigen Stammkörpers fortgeschoben, aus dem der verschwundene sich entwickelt hat, wie sie selber in ihrem Innern die Sonnen mit sich führt.

Du Prel wurde zu der Vorstellung geführt, dass die stärkeren Körper im Kampf um's Dasein die schwächeren aus ihren Bahnen fortgetrieben und zerstört haben. Eine solche Zertrümmerung war möglich, so lange die Körper noch keine Gashülle um sich her ausgeströmt hatten. Heute ist jeder Körper in unserem Sonnensystem von der mächtigen Gashülle umgeben, die er allmählich ausgehaucht hat; diese elastische Gashülle wird bei Annäherung einer stärkeren zusammengedrängt und drängt dadurch ihren Weltkörper auch zurück; eine gegenseitige Berührung der Körper ist nicht möglich und daher die Gefahr eines Zusammenstosses ausgeschlossen. Würde auf die Erde gelegentlich ein anderer Körper zustürzen, so würde man davon nichts merken, höchstens würden von der Erde hinaufgeworfene Körper schneller fallen.

Als Planetensystem ist eine Anzahl von Weltkörpern zu bezeichnen, die sich um einen in scheinbarem Stillstand befindlichen Centralkörper drehen; es würde nicht genügen, wenn man sagen wollte: die sich um einen Centralkörper drehen; denn dann bildete der Uranus oder der Jupiter mit seinen Trabanten auch ein Planetensystem; die Definition wäre also zu weit. Es wäre auch nicht richtig, zu sagen: die sich um eine Sonne drehen; denn der Centralkörper braucht kein eigenes Licht mehr zu haben; die Definition wäre also zu eng. Aus diesem letzteren Grunde empfiehlt es sich auch den Namen Sonnensystem zu vermeiden, und den Namen Planetensystem anzuwenden, wiewohl auch der Name Planeten nach seiner Wortbedeutung nicht mehr passt; aber bei seinem historischen Recht und bei dem Emporwuchern der Realschulen, bei dem doch Niemand mehr Griechisch versteht, sich also durch die Wortbedeutung Umherirren nicht irreführen lassen kann, mag er bestehen bleiben. Für gewöhnlich reicht die Bezeichnung Sonnensystem aus, da sie für uns passt.

Die Centralkörper eines Planetensystems, von denen alle Entwicklung ausgegangen ist, bewegen sich ebenfalls in elliptischer Form um ihren Stammkörper; wie diess z. B. für den Sirius von Bessel berechnet wurde. Diese Bewegung ist aber sinnlich nicht wahrzunehmen, weil die Stellung der Centralkörper zu ihren Planeten immer dieselbe bleibt. Man hat sie daher Fixsterne genannt. Der Satz: alle Sonnen sind Fixsterne, findet sich häufig in den Compendien der Logik als Muster der einfachen Umkehrung des Urtheils, wobei also Subjekt und Prädikat einander decken sollen. Das ist aber nicht der Fall; es kann Sonnen geben, die nicht zu den Körpern gehören, die scheinbar stillstehen; und es kann Fixsterne geben, die schon erloschen sind. Dagegen ist der Satz: alle scheinbar still stehenden Stammkörper sind Fixsterne ein Muster der einfachen Conversion; für die Zwecke der formalen Logik ausreichend ist er sonst ohne Werth, da es sich im Prädikat nur um einen gemeinsamen Namen für das Subjekt handelt.

Von den intramundanen Erscheinungen verdienen besondere Aufmerksamkeit die Cometen, die Sternschnuppen, die Meteore und die Meteorsteine. Auch die Cometen sind als Massen zu betrachten, die ursprünglich Theile eines andern Körpers waren, und von diesem abgeschleudert wurden. Bei ihnen lag im Momente der Loslösung der Schwerpunkt am vordern Ende, so dass eine Axendrehung nicht möglich war. Es darf angenommen werden, dass die Cometen, deren Wiederkehr die längste uns bekannte Umlaufszeit eines Planeten, also 164 Jahre, nicht übersteigt, von unserer Sonne abgeschleudert wurden. Die anderen haben sich von anderen, grösseren Stammkörpern losgelöst, und zwar von solchen, die zur Zeit ihrer Abschleuderung 1000 Jahre oder 1500, oder 5000 oder 8000 Jahre oder noch längere Zeit zu ihrer Axendrehung gebrauchten. Demnach würden sich der Halley'sche, der Enke'sche und der Biela'sche Comet als ursprüngliche Theile unserer Sonne erweisen. Ihre raschere Bewegung in der Nähe der Sonne hat dieselbe Ursache, wie die raschere Bewegung der andern von der Sonne abgeschleuderten Körper in ihrer Nähe; auf der einen Seite gewinnt die Axenkraft allmählich die Oberhand, auf der andern die Kraft des Stosses. Genau genommen findet übrigens die raschere Bewegung aller dieser Körper nicht in der grössten Sonnennähe statt, sondern auf der einen Seite etwas vorher, auf der andern etwas nachher, weil die Sonne in dem einen Brennpunkt der elliptischen Bahnen steht, und in der Mitte der beiden Bahnbogen die Axenkraft, bezüglich die Stosskraft, ihre höchste Wirkung erreicht.

Bei den Sternschnuppen sind diejenigen, die unregelmässig erscheinen, von denen, die regelmässig wiederkommen, nicht nach ihrem Wesen, wohl aber nach der Art ihrer Entstehung zu unterscheiden. Gemeinsam ist allen Sternschnuppen, dass sie von einem noch glühenden und in geringer Rotation befindlichen Weltkörper sich losgelöst haben. Ein Stoss der Theile an der Peripherie war schon vorhanden, aber die Axenkraft war noch so winzig, dass sie nicht nach dem Innern gepresst wurden. Sternschnuppen, die nicht periodisch wiederkehren, können sich bei dem Ruck abgelöst haben, den ein Weltkörper bei seiner Axendrehung in Folge des ursprünglichen Druckes der durchjagten Gasmassen erfährt; sie können aber auch zu jeder andern Zeit abgefallen sein. Die periodisch wiederkehrenden Sternschnuppenfälle rühren dagegen jedenfalls nur von diesem Ruck her. Findet ein Sternschnuppenfall alljährlich zu einer bestimmten Zeit statt, so wird er von einer glühenden Gaskugel stammen, die eine eben so lange Zeit zu ihrer Axendrehung braucht, wie die Erde zu ihrer Bahn um die Sonne, und die gleichsam hoch über der Erde ihren stillen Pfad zieht. Die Sternschnuppen brauchen nicht direkt nach unten zu fallen, sondern können auch bei wachsender Rotationskraft nach der Seite geschleudert werden; daher können auch Sternschnuppen auf die Erde zukommen, die nicht von einer über ihr wandelnden Gluth rühren, und es können auch solche nicht zu ihr gelangen, die von einer solchen sich loslösen. Es sind mithin die Sternschnuppen nicht etwa als ursprünglich dunkle und kalte Massen zu denken, die sich auf dem schnellen Flug durch unsere Atmosphäre erhitzen, und dann aufflammen, sondern es sind ursprünglich glühende Gastheilchen, die in unserer dichten Atmosphäre trotz ihrer Schnelligkeit von 4 bis 9 Meilen in der Sekunde erlöschen; die Flamme erstickt.

Die Meteore sind nichts als abgesonderte glühende Gasmassen von grösserem Umfang.

Die Meteorsteine rühren von Weltkörpern, die in sich zusammengestürzt sind, sich also in der Periode des Niedergangs befinden, wie jene, von denen die Sternschnuppen und die Meteore kommen, in der Periode des Aufgangs. Ihre Ankunft in erhitztem Zustande rührt von der Schnelligkeit, mit der sie die Erdatmosphäre durcheilen. Sie fallen nicht mit wachsender Geschwindigkeit, weil die Axendrehung nur für die Erdtheile von Einfluss ist.

Was das plötzliche Aufflammen einzelner Sterne anlangt, so können diese entweder neu entstandene, erst jetzt abgeschleuderte Gasmassen sein, oder eine längst glühende Gaskugel hat durch plötzliche Explosion, die in Folge der sehr bedeutend gewordenen Axendrehung eintrat, eine besonders starke Leuchtkraft erlangt.

Der Ruck verliert sich in dem Grad, als die Masse des Weltkörpers fester wird; bilden sich aber flüssige Theile, oder sind solche im Innern von früher her zurückgeblieben, so wird in diesen flüssigen Massen der Ruck nachzittern. Erscheinungen wie die Fluth und Erschütterungen der inneren feuerflüssigen Massen, die sich nach Aussen drängen, und Erdzerreissungen verursachen, giebt es auf allen Weltkörpern, wo flüssige Massen vorhanden sind.

So erweist sich Alles im Weltraume als mechanische Bewegung, und der ewige Born dieser mechanischen Bewegung ist die Axendrehung. Ihre Verwerthung im Weltzusammenhang bezeichnet den Fundamentalunterschied mit der Gravitationslehre; in der Gravitationslehre spielt diese Quelle aller Entwicklung gar keine Rolle; wir werden nur auf einen dumpfen, starren Zustand gewiesen, bei dem in naiver Vorstellung das massige und umfangreiche den Ausschlag giebt. Im Lichte der Axendrehung ist alles lebendige Entwicklung und das vornehmste Gesetz dieser Entwicklung ist das Gesetz von der Erhaltung der Kraft. Die Axendrehung differenzirt sich zu Axenkraft und Stosskraft, und lässt die mächtige und schirmende Gashülle ausströmen, in der die abgeschleuderten Massen als kleine Stäubchen in rasender Flucht mitgeführt werden.

Das periodische Wirken der Stosskraft und der Axenkraft, die das Stäubchen als Mitgift erhielt, leitet es in elliptischer Bahn; und das Gesetz von der Erhaltung behütet diese, ein selbständiges Dasein garantirende Mitgift bis an die Schwelle der Unendlichkeit. Der Widerstand der Gasmassen, den das Stäubchen auf seinem Fluge zu berühren hat, verursacht seine lebenbringende Axendrehung. Im Kampf mit den Gasmassen erobert es sich seine Entwicklungsbedingung und nur dieser Kampf leitet es hinauf zum Hirne eines Göthe, Helmholtz, Bismarck, Richard Wagner, oder zu einem schönen, milden weiblichen Herzen, der höchsten Blüthe, zu der der mechanische Entwicklungsprocess der Erde bis jetzt gekommen ist.

Alles mechanisch zu erklären ist unser von den Thatsachen geforderter Beruf; unserer Fassungsqualität stellt sich alles als Mechanismus dar. Erst wenn in Aeonen jede Bewegung mechanisch erklärt ist, erst dann beginnt die wahre Götterarbeit der Menschheit, hinter der Form das Wesen zu suchen.

VIII. Die Erde.

Was heute die Erde genannt wird, lag einst als Gasmasse am Sonnenäquator. Denkt man sich diese Gasmasse nach oben und nach unten durch zwei parallele Ebenen begrenzt, so waren diese Ebenen mit der Ebene des Sonnenäquators nicht ganz parallel, sondern unter einem Winkel von $7\frac{1}{2}°$ geneigt. Dieses Verhältniss blieb für die Bahnebene des neuen Körpers dieselbe. Ob die Ebenen nach oben oder nach unten von der Aequatorebene um $7\frac{1}{2}°$ differirten, hängt davon ab, ob die Erhebung der Erde über die Sonnenäquatorebene auf der Seite ihrer grössten Entfernung von der Sonne eintritt, oder auf der andern. Tritt sie auf der ersteren ein, so waren die Ebenen nach oben geneigt, weil der erste selbständige Weg nach der grösseren Entfernung ging.

War diese Masse derart, dass sie etwa von einer durch sie und die Sonnenaxe gelegten Ebene in zwei Theile geschnitten wurde und eine grössere Länge als Höhe hatte, so erfolgte die spätere Axendrehung in derselben Richtung wie die Axendrehung der Sonne; die beiden Axen waren parallel. Nimmt man aber dasselbe Maass, das eben die Länge bezeichnet hatte, für die Höhe und das Maass, das die Höhe hatte, für die Länge, so wird die Masse von der durch sie und die Sonnenaxe gelegten Ebene in zwei Theile zerschnitten, wie etwa ein Bleistift der Länge nach halbirt wird. Dann lag, wenn überhaupt eine Axendrehung möglich werden sollte, der Schwerpunkt zwischen der Mitte und dem oberen Ende oder zwischen der Mitte und dem unteren Ende. Die spätere Axendrehung erfolgte dann gleichsam von oben nach unten, nicht von der Seite zur Seite; die neue Axe lag in der Ebene der neuen Bahn und die Aequatorebene des neuen Körpers stand senkrecht auf der Sonnenäquatorebene.

Zwischen diesen beiden verschiedensten Lagen befand sich die Lage der Masse, aus der die Erde wurde. Denkt man sich eine durch diese Masse gelegte Ebene als ihre spätere Aequatorebene, so war diese Ebene gegen die Sonnenäquatorebene unter einem Winkel von $23\frac{1}{2}°$ geneigt.

Da der Schwerpunkt dieser Masse nicht in der Mitte und nicht an einem Ende lag, so erfolgte eine Axendrehung, die in Folge des immer erneuten und immer zur Stärke des letzten hinzukommenden neuen Druckes der Gasmassen zu unbegrenzter Schnelligkeit wuchs. Dieser Druck stand der Masse auf beiden Seiten entgegen; sobald die zunächst plattgedrückte Stelle in ihrer vollen Breite gefasst wurde, war die Wirkung des Druckes am kräftigsten, und es gab einen mächtigen Ruck, der eine momentane Rückwärtsbewegung der weicheren Massen bewirkte, ursprünglich also wohl aller Massen. In Folge des immer stärkeren Stosses der Theilchen auf einander entstand eine immer heftigere Reibung und eine immer grössere Hitze. Durch die Rotation wurden die Theilchen nach innen gepresst, und diese Bewegung nach der Axe, die Zusammenziehung, wird bei bedeutender Rotation eine sehr schnelle gewesen sein. Aber in Folge ihrer Kleinheit machte die Erde alle Entwicklungsstadien viel schneller durch wie die Sonne; die Zeit der grössten Rotation, also der grössten Stärke des Stosses an der Peripherie dauerte verhältnissmässig nicht lange. Die einzige Loslösung von der Erde war der Mond, und zwar geschah sie, wie die Erde 28 Tage zu ihrer Axendrehung brauchte. Von der Gashülle, die sich die Erde durch Ausströmen von Gasen rings um sich her gebildet hatte, wird er durch den Weltraum mit getragen. Gegen die Kräfte, die seine elliptische Bahn bewirken, leistet diese Mitbewegung der Gasmassen keinen Widerstand. Sie schieben ihn nur vorwärts.

Die eine Hälfte ihrer Bahn wird von der Erde etwas schneller zurückgelegt, wie die andere, weil auf der einen Seite die stärkere Stosskraft über die Geschwindigkeit entscheidet. Es muss dies die Bahn derjenigen Richtung sein, in der die Erde von der Sonne abflog. Nach unserer Zeitrechnung ist das die Bahn, die von der Erde zwischen dem Perihel und dem Aphel, also zwischen dem 1. Januar und dem 2. Juli zurückgelegt wird. In der That ist die Zeit, in der die Erde diese Bahn zurücklegt, kürzer.

Als der höchste Grad der Verdichtung erreicht war, konnte auch die Axendrehung nicht mehr schneller werden, und nahm nun allmählich ab. Dadurch liess die Hitze nach, und zwar zuerst an den Polen. In Folge der umgebenden atmosphärischen Luft erfolgte zunächst eine Verfestigung der Oberfläche und dann der weiter nach innen gelegenen Theile. In den Kern vermochte die atmosphärische Luft nicht zu dringen;

daher trat hier keine Verdichtung ein, vielmehr sind hier dieselben feuerflüssigen Massen geblieben, die von Anfang an dort waren. In ihnen zittert noch der Ruck bei der Axendrehung, und sie werden dadurch gegen die Wände ihres hohlen Kernes getrieben und suchen sich einen Durchbruch nach oben. Da die Erdkruste aber bereits sehr fest und hart geworden ist, so gelangen sie nur selten an die Oberfläche. Dringen sie aber hinaus, so entstehen, da die Erdmassen nach allen Seiten auseinandersprengen, hohle Berge, deren Oeffnung tief in die Erde reicht. Und je nachdem durch den Ruck die feuerflüssigen Massen wieder an die alte Oeffnung getrieben werden, die sie sich durch die Erde gebohrt haben, werden sie auch an derselben Stelle der Erdoberfläche wieder hervorbrechen. Wird die alte Bahn durch die Erde nicht wieder betreten, so schliesst sie sich allmählich in Folge der Axenkraft und wir haben dann erloschene Krater.

Dringen die Feuermassen nicht bis an die Oberfläche, sondern nur bis in ihre Nähe, so setzt sich der Riss, den sie durch die Erde ziehen, nach oben fort und es entstehen Erdbeben. Die Schnelligkeit, mit der die Massen den Riss fortsetzen, hängt von der Härte des zu durchbohrenden Erdreiches ab.

Eine strenge Regelmässigkeit des Eintritts der Fluth, die in Folge ihrer Ursache in einer der Richtung der Erdbahn entgegengesetzten Richtung geht, ist nicht möglich, weil Orkane fördernd und hindernd wirken können. So wunderlich, wie die Vorstellung, dass die Anziehung des Mondes Ebbe und Fluth verursache, ist wohl im weiten Bereiche der Naturerklärung keine andre. Das Irrlicht der Gravitation hat hier sein Meisterstück gemacht. Um sich das Anschwillen der Wassermassen zu illustriren, braucht man nur eine Schüssel mit Wasser an beliebiger Stelle anzustossen; es wird dann genau dieselbe Bewegung hervorgerufen, wie bei Ebbe und Fluth. Die Verwüstungen, die früher, wo sich der Ruck noch stärker fühlbar machte, von den Erdbeben und der Fluth angerichtet wurden, müssen bedeutende gewesen sein.

Die Tendenz aller Theilchen nach der Axe, die eine Folge der Axendrehung ist, hält solange an, wie diese; sie wird aber nach erfolgter Verfestung nicht mehr dauernd befriedigt. Nur wenn ein Theilchen von der Richtung nach Innen abgezogen werden soll, tritt die Axenkraft noch in die sinnliche Wahrnehmung. Wir sprechen dann vom Fall der Körper. Dieselbe Kraft, die einst die Zusammenziehung bewirkte, bewirkt heute die Fesselung der Körper an der Oberfläche. Durch eine nach oben geschossene Kugel erfolgt dieselbe Reaktion gegen die Grundrichtung, wie durch das Hinaufwachsen eines Baumes, oder das Hinaufbauen eines Hauses. Der Grund, aus dem die Körper senkrecht niederkommen ist derselbe, aus dem eine Pflanze oder ein Baum senkrecht nach oben wachsen. Der Druck der Luft ist auf allen Seiten gleich stark. Ein Windstoss führt den Körper dagegen in andere Richtung. Der Grund, aus dem die Verlängerung der senkrechten Richtung den Mittelpunkt der Erde trifft, liegt nur in der Form der Erde, aber nicht in ihrem Wesen. Wäre die Erde ein Würfel, so würde sie nicht den Mittelpunkt treffen; da sie aber eine Kugel ist, so muss die Verlängerung den Mittelpunkt treffen, soweit nicht, wie in der Nähe der Pole, Abweichungen von der Kugelgestalt vorkommen. Der Fall selber rührt von der Axenkraft, die Richtung vom Druck der Atmosphäre. Wie der abgeschleuderte Weltkörper seine Bewegung in Folge der Axenkraft verlangsamt, dann stillsteht und dann mit wachsender Schnelligkeit zurückkommt, genau so macht es bis in's Kleinste das hinaufgeworfene Theilchen der Erde. Welche Seite der Weltkörperbahn mit ihm verglichen wird, ist gleichgültig; nur dass bei den Weltkörpern auf der einen Seite die Stosskraft dieselbe Bewegung hervorruft, die auf der andern die Axenkraft bewirkt. Galilei's Gesetz gilt für den Fall der Erdtheilchen, wie für die beiden Seiten der Planetenbahnen.

Damit ist der Ausgangspunkt wieder erreicht. Induktiv wurde die Bewegung durch alle grossen Erscheinungen im Weltraume und auf der Erde verfolgt; es ergab sich, dass alle Bewegung aus einer einzigen Quelle fliesst, der Axendrehung.

Ich schliesse diese Schrift in dem Bewusstsein, die Welt des Stoffes und die Welt der Gedanken von dem Alp der Schwerkraft befreit zu haben; und in dem freudigen Gefühl, dass der Sturz der märchenhaften Gravitation noch einem der Zeitgenossen gelingen durfte. Aber die Unsterblichen giessen so gerne den reinen Kelch ihrer Wahrheit über den selbstlos ringenden, treu beobachtenden, methodisch überlegenden Forscher, der keiner, auch nicht der grössten Person denklos nachspricht, sich vor jeder, auch der geringsten Thatsache im Weltraum in Ehrfurcht und Bewunderung beugt.

IX. Reformthesen.

I. Bewegung lässt sich nur aus Bewegung ableiten.
II. Eine allgemeine gegenseitige Anziehung der Körper findet nicht statt. Die Schwere wirkt nur bei gegenseitiger Berührung zweier Körper.
III. Die Ablösung vom Urkörper war keine ringförmige, sondern es sind nach und nach bald hier bald dort Theile abgeschleudert worden.
IV. Jeder Körper im Weltraum, mit Ausnahme des Urkörpers, dreht sich um irgend einen andern in elliptischer Bahn, gleichgültig, ob sich um ihn wieder andre in elliptischer Bahn drehen, oder nicht.
V. Jeder Körper im Weltraum, der um irgend einen andern elliptisch rotirt, war ursprünglich ein Theil dieses andern. Auf die Bewegung des neuen Körpers ist der Stammkörper fortan ohne Einfluss.
VI. Die elliptische Bahn des Weltkörpers setzt sich zusammen aus der Wechselwirkung der im Momente der Abschleuderung auf ihn wirkenden, aus der Rotation resultirenden Axenkraft und der Kraft des abschleudernden Stosses. Die

verschiedene Geschwindigkeit seiner Bewegung hängt ebenfalls von der Wechselwirkung dieser Kräfte ab.

VII. Von der Gashülle, die ein sich zusammenziehender Weltkörper durch Ausströmen der dünneren Massen um sich gebildet hat, werden die Körper, die er abschleudert, durch den Weltraum geschoben. Von der Gashülle der Erde wird der Mond mit seiner Gashülle geschoben; die Gashülle der Sonne schiebt die Gashülle der Erde.

VIII. Die Axendrehung der abgeschleuderten Massen ist eine Folge des Umstands, dass ihr Schwerpunkt weder an dem einen Ende, noch in der Mitte lag.

IX. Die Cometen sind Massen, deren Schwerpunkt bei der Abschleuderung an dem vorderen Ende lag, die also nicht zur Axendrehung gelangen konnten; auch sie beschreiben elliptische Bahnen.

X. Bei der Axendrehung ging durch die Masse ein Ruck, der durch den Druck der durchjagten Gasmassen hervorgerufen wurde, sobald die durch den ersten Widerstand gegen die Gasmassen plattgedrückte Seite der rotirenden Masse gleichsam nach vorn kam. Aus diesem Ruck erklären sich die periodisch wiederkehrenden Sternschnuppen, aus seinem Nachwirken Ebbe und Fluth und die Erdbeben.

XI. Jeder Weltkörper hat in den Grundzügen dieselben Entwicklungsphasen; nur vollendet der eine seine Entwicklung und sein Verkommen in Folge seiner Grösse langsamer, der andere in Folge seiner geringen Grösse schneller.

XII. Die Axendrehung ist die Quelle aller Entwicklung.

XIII. Die Ellipse, die ein Weltkörper beschreibt, schliesst seinen Stammkörper nur desshalb ein, weil beide Körper in jedem Moment gleichweit vorwärts geschoben werden.

XIV. Der Fall der Körper auf der Erde ist eine Folge der Axendrehung, durch welche alle Theile der Erde nach innen gerissen werden.

XV. Die Gefahr eines Zusammenstosses im Weltraum ist für denjenigen Körper ausgeschlossen, der bereits die elastische Gashülle um sich her ausgeströmt hat.